빛과 소리의 마법사
에디슨

새시대 큰인물 3

빛과 소리의 마법사

에디슨

개정판 1쇄 발행 2006년 2월 15일
개정판 21쇄 발행 2024년 6월 15일

글 햇살과나무꾼　**그림** 서은영
발행인 양원석
발행처 (주)알에이치코리아(등록 2004년 1월 15일 제2-3726호)
주소 08588 서울시 금천구 가산디지털2로 53, 20층(한라시그마밸리)
편집문의 02-6443-8921　**도서문의** 02-6443-8800
홈페이지 www.rhk.co.kr
블로그 blog.naver.com/randomhouse1　**포스트** post.naver.com/junior_rhk
인스타그램 @junior_rhk　**페이스북** facebook.com/rhk.co.kr

ⓒ 햇살과나무꾼 · 서은영 2006

ISBN 978-89-5986-341-9　74990
　　　978-89-5986-338-9 (세트)

이 책은 주니어RHK와 저작권자의 계약에 따라 저작권법에 의해
보호받는 저작물이므로 무단 전재와 무단 복제를 금합니다.

※ 제조자명 (주)알에이치코리아 | 제조국명 대한민국 | 사용연령 8세 이상
※ 종이에 손이 베이거나 모서리에 다치지 않게 주의하세요.
※ 잘못 만들어진 책은 구입하신 곳에서 바꾸어 드립니다.

빛과 소리의 마법사
에디슨

햇살과나무꾼 글 | 서은영 그림

주니어 RHK

글쓴이의 말

아침에 일어나면 우리는 전깃불을 켭니다. 전기 밥솥으로 지은 밥을 먹고, 냉장고에 음식을 보관하며, 세탁기로 빨래를 합니다. 전화로 친구와 이야기하고, 전축으로 음악을 들으며, 청소기로 청소를 하고요. 전기로 모든 것이 이루어지는 시대를 살아가는 것입니다.

토머스 앨바 에디슨은 바로 이 전기의 시대를 열어 젖힌 사람입니다. 축음기, 전화기, 전구를 비롯하여 전기 산업 전반을 아우르는 굵직굵직한 발명품을 남겼을 뿐 아니라 발전소를 세워 전기를 일으키고 송전 및 배선 시스템을 개발해 사람들이 전기 제품을 편리하고 안전하게 쓸 수 있게 해주었죠.

그런데 이 훌륭한 발명가가 어렸을 때는 사람들로부터 바보라고 손가락질을 당했답니다. 어디 그뿐인가요? 학교에 들어간 지 석 달 만에 머리가 나쁘다고 쫓겨나기까지 했지요. 그 뒤로 에디슨은 학교 문턱도 밟지 못했습니다. 그런데도 어떻게 훌륭한 발명가가 되었냐고요?

에디슨은 그 비결이 노력과 끈기에 있다고 말했습니다. 하고 싶은 일이 있을 때 어렵더라도 그만두지 않고 노력한 덕분에 모두가 우러르는 훌륭한 발명가가 될 수 있었다고요.

이 책에는 바로 그런 이야기가 담겨 있습니다. '왜?'라는 질문을 입에 달고 다니던 호기심 많은 꼬마 아이가 어떻게 자라나 어려움을 어떻게 이기고 꿈을 이룰 수 있었는지가 찬찬히 펼쳐질 것입니다.

이 책이 꿈 많고 호기심 많은 우리 친구들에게 희망과 용기를 주는 작은 선물이 되었으면 좋겠습니다.

2002년 햇살과나무꾼

 차례

글쓴이의 말 · 4

1. 사고뭉치 꼬마 과학자

거위 알을 품은 아이 · 10
- 증기선 · 16

넌 머리가 썩었어! · 18
- 200년 전의 공책과 연필, 석판과 석필 · 23

지혜로운 어머니 · 24
- 배우가 되고 싶어한 앨 · 29

과학자가 될 테야 · 30
- 인류의 오랜 꿈을 이루어 준 발명품, 기구 · 39

2. 꿈꾸는 소년

열차에서 신문을 팔고 싶어요 · 42
- 새 시대의 개막을 알리는 기차 · 46

불이야! · 48
- 열차와 에디슨의 귀 · 54

전기를 만나다 · 55
- 재미있는 전신의 원리 · 60

떠돌이 전신 기사 · 62
- 에디슨이 남긴 말 · 66

3. 마침내 발명가의 길로

과학의 도시 보스턴에서 · 68
■ 전자기학의 아버지, 마이클 패러데이(1791~1867) · 73

이름 없이 사라진 첫 발명품 · 75
■ 시대를 앞서간 발명품, 투표 기록기 · 79

금은 시세 표시기를 고치다 · 80
■ 전신과 증권업자 · 87

잇따른 성공 · 88
■ 특허권이란 무엇일까요? · 94

4. 멘로파크의 마법사

말하는 기계, 축음기 · 96
■ 에디슨과 가족들 · 106

밤을 낮으로 · 108
■ 진공 상태에서는 왜 물체가 타오르지 않을까? · 116

월스트리트의 밤을 낮으로 바꾸다 · 117

끈기를 갖고 노력하는 사람은 누구나 천재가 될 수 있다 · 123

열린 주제 · 126
인물 돋보기 · 128
연대표 · 130

토머스 앨바 에디슨

1
사고뭉치 꼬마 과학자

거위 알을 품은 아이

토머스 앨바 에디슨은 1847년 2월 11일 미국 오하이오 주의 밀란에서 태어났습니다. 밀란은 미국과 캐나다를 가르는 큰 호수의 가장자리에 있습니다. 증기선이 뿌우뿌우 기적을 울리며 들락거리고, 황금을 찾아 서부로 가는 개척자들이 짐마차를 타고 흙먼지를 일으키며 지나가는 분주한 마을이었죠.

어렸을 때 에디슨은 '앨'이라고 불렸습니다. 그런데 마을에서 모르는 사람이 없을 만큼 유명했답니다. 머리가 유난히 커서 어디에 가든 눈에 띄었는데, 그 큰 머리에 궁금한 것이 어찌나 가득했던지 언제 어디서든 누구에게나 질문을 퍼부어댔거든요.

"배는 어떻게 움직여요?"

"밀은 왜 자라나요?"

"구름은 왜 떠다니죠?"

앨이 이렇게 물으면, 마을 어른들은 어떻게 대답해야 좋을지 몰라서 허둥거렸습니다.

그러다가 대개

"글쎄, 왜 그럴까? 나도 잘 모르겠구나."
하며 머리를 긁적거렸지요.

그러면 앨은 얼굴을 들이대고 눈을 말똥거리며 이렇게 물었습니다.

"왜요? 왜 몰라요?"

그러면 어른들은 얼굴을 붉히며 급히 자리를 피했습니다.

마을 어른들은 끝도 없이 '왜?'라고 물어대는 앨을 이해할 수 없었습니다. 앨을, 정신이 나간 아이라 여기고 마주치지 않으려고 피해 다녔지요.

하지만 엄마 아빠는 앨을 누구보다 귀하게 여겼습니다.

앨을 낳기 전에 이미 두 아이를 연거푸 잃은데다, 앨이 첫 돌이 되기 전에 또 한 아이를 저 세상으로 보내고 말았거든요. 엄마 아빠는 앨이 건강하게 자라 주는 것만으로도 감사하고 또 감사했습니다. 하지만 호기심 많은 앨 때문에 마음을 졸인 적이 한두 번이 아니었지요.

앨이 다섯 살쯤 되었을 때였습니다. 하루는 앨이 숨이 넘어가도록 엄마를 찾으며 집으로 뛰어왔습니다.

"엄마, 엄마!"

"왜 그러니, 앨?"

엄마가 무슨 큰일이라도 일어났나 싶어 허둥지둥 부엌에서 나왔습니다.

앨이 아주 걱정스러운 얼굴로 말했습니다.

"엄마, 옆집 거위가 이상해요. 아무 데도 안 가고 헛간에 가만히 앉아만 있어요. 어디가 아픈 게 아닐까요?"

엄마는 다정히 미소를 지으며 앨의 머리를 쓰다듬어 주었습니다.

"앨, 거위는 아픈 게 아니란다. 알을 품느라고 그래."

"알을 품는 게 뭔데요?"

앨이 물었습니다.

"어미 새가 알 위에 앉아서 깃털로 알을 따뜻하게 데워 주는 걸 말한단다. 그래야 새끼가 알을 부수고 나올 수 있거든."

엄마가 대답하자, 앨은

"아!"

하고 고개를 끄덕였습니다.

앨은 다시 팔짝팔짝 밖으로 달려나갔습니다. 그런데 이게 무슨 일일까요? 그렇게 나간 앨이 해질녘이 되도록 돌아오지 않은 것입니다.

앨의 엄마 아빠는 걱정이 되어 온 마을을 이 잡듯 뒤지고 다녔습니다. 마침내 앨은 이웃집 헛간에서 발견되었습니다. 남의 집 헛간에서 세상 모르고 잠을 자고 있었지요.

"앨, 앨! 일어나! 여기서 자면 어떻게 해?"

아빠가 어깨를 흔들어 깨우자, 앨은 부시럭부시럭 일어나서 눈을 비볐습니다.

그러고는 아빠를 멍하니 바라보더니 갑자기

"아, 내 알!"

하고 소리치며 허겁지겁 엉덩이 밑을 살폈지요.

앨의 엉덩이 밑에는 깨진 거위 알이 뒹굴고 있었습니다

다. 앨의 바지는 거위 알의 흰자와 노른자가 말라붙어 얼룩덜룩해져 있었고요.

앨이 입을 쑥 내밀고 중얼거렸습니다.

"거위 알이 모두 깨져 버렸네. 이상하다……. 왜 새끼 거위가 안 깨어났지? 분명히 엄마 거위처럼 했는데……."

앨이 뚱딴지같은 소리를 하자, 아빠는 기가 막혀 혀를 끌끌 찼습니다. 하지만 엄마는 이 이야기를 전해 듣고 혼자 생긋 웃었답니다. 앨이 왜 그런 말을 했는지 단박에 알아차렸거든요.

증기선

에디슨이 어렸을 때는 자동차나 비행기가 없었습니다. 기차도 몇몇 곳밖에 다니지 않았습니다. 그래서 사람들은 먼 곳으로 여행할 때 마차나 배를 탔습니다. 특히 배는 사람과 물건을 대량으로 실어 나르는 가장 중요한 운송 수단이었습니다.

증기 기관이 발명되기 전에 배는 돛을 달고 바람의 힘으로 움직였습니다. 그러다 보니 바람이 불지 않는 날에는 빠르게 나아가지 못했지요. 증기선은 1800년대 초에 처음 만들어졌는데, 증기 기관이라는 기계 장치를 이용해서 바람 대신 증기의 힘으로 움직였습니다. 덕분에 바람이 불지 않아도 사람과 물건을 빠르게 실어 나를 수 있었죠. 에디슨이 어렸을 때 미국의 큰 도시들은 대개 증기선이 다니는 길(운하)을 따라 발달했답니다.

1886년 만들어진 증기선 그레이트 리퍼블릭 호

넌 머리가 썩었어!

앨은 일곱 살 되던 해인 1854년에 부모님을 따라 포트휴런으로 이사를 갔습니다.

포트휴런은 마을 앞으로는 큰 호수가 있고 뒤로는 큰 숲이 우거진 살기 좋은 곳이었습니다. 제재소와 배를 만드는 공장이 여럿 있고, 인구도 밀란보다 훨씬 많았지요.

앨의 아빠는 포트휴런에서 동물 사료와 곡식을 파는 큰 상점을 냈습니다. 앨은 공부할 나이가 되어 학교에 들어갔습니다.

"선생님 말씀 잘 듣고 친구들과 사이좋게 지내야 한다."

앨이 아침에 집을 나설 때면 엄마는 웃으면서 늘 이렇게 인사했습니다. 하지만 돌아서서는 깊은 한숨을 쉬었지요. 앨이 학교 생활을 잘할 수 있을지 너무너무 걱정이 되었거든요.

포트휴런의 학교에는 앨까지 모두 40명의 학생이 다녔습니다. 그런데 선생님도 하나뿐이고 교실도 하나뿐이라 모든 학생이 한 교실에서 같은 선생님에게 수업을 받았지요. 같은 시간에 한쪽에서는 쓰기 공부를, 한쪽에서는 읽기 공부를, 또 한쪽에서는 글짓기 공부를 시키다 보니, 선생님은 수업 시간에 이리저리 뛰어다니기에 바빴습니다. 학생들은 선생님의 눈을 피해 집에서 가져온 감자를 나누어 먹거나, 장난치기 일쑤였고요.

그런 마당에 앨은 쉴 새 없이 손을 들고 질문을 퍼부어 댔습니다. 궁금한 것이 있으면 참지 못하는 성격이라, 수업 내용과 관계 없는 질문도 곧잘 했습니다.

선생님은 처음에는 앨을 이상한 아이라고만 생각했습니다. 하지만 앨 때문에 수업이 자꾸 늘어지자, 짜증이 일었습니다. 앨의 남달리 큰 얼굴을 한심하게 바라보며 '저 아이는 아무래도 지능이 떨어지는 것 같아.'라고 생각하며 고개를 설레설레 젓곤 했지요.

앨이 학교에 다닌 지 3개월이 되어 갈 무렵에 기어이 일이 터지고야 말았습니다.

그날 선생님은 앨 또래의 아이들에게 수학을 가르쳤습니다.

"나한테 사과가 하나 있다. 그런데 누가 또 하나를 주면, 내가 가진 사과는 모두 몇 개가 되지?"

아이들이 입을 모아 대답했습니다.

"두 개요!"
선생님이 말했습니다.
"그래, 하나에 하나를 더하면 두 개가 된다. 자, 모두 따라하도록. 일 더하기 일은 이!"
"일 더하기 일은 이!"
아이들이 병아리처럼 선생님의 말을 따라했습니다.

그 때 앨이 손을 번쩍 들었습니다.

"선생님!"

앨을 보고 선생님은 자기도 모르게 낯을 찌푸렸습니다. 선생님은 앨에게 퉁명스럽게 물었지요.

"왜?"

앨이 커다란 얼굴을 갸웃거리며 물었습니다.

"그런데 물은 왜 그래요? 물은 왜 한 방울에 또 한 방울이 떨어져도 하나예요?"

아이들이 "와, 정말이다!" 하고 까르륵 웃어댔습니다. 선생님은 얼굴이 붉으락푸르락해졌습니다. 처음에는 앨의 질문에 어떻게 대답해야 할지 몰라 당황했지만, 나중에는 모처럼 수업이 잘되고 있었는데 앨이 또 망쳐 놓았다 싶어 화가 치솟았습니다.

선생님은 앨을 노려보며 차갑게 말했습니다.

"일어나라, 앨."

선생님의 목소리가 어찌나 싸늘했던지, 앨은 겁을 먹고 눈만 끔벅거렸습니다.

선생님이 더욱 차가운 목소리로 또박또박 말했습니다.

"어서 일어나라, 앨. 당장 집으로 돌아가. 다시는 학교에 오지 말아라. 너는 머리가 썩었어. 학교에 다녀 봐야 다른 아이들에게 방해만 될 뿐이야!"

순간, 교실이 얼어붙은 듯이 조용해졌습니다. 앨은 말없이 석판을 들고 일어나서 달아나듯 교실을 빠져 나왔습니다.

200년 전의 공책과 연필, 석판과 석필

에디슨이 살던 시대에는 종이와 연필이 무척 귀했습니다. 그래서 어린이들은 석판이라는 검은색의 매끄러운 돌판에 석필이라는 하얀 돌로 글씨를 썼답니다. 석판과 석필이 지금으로 치면 공책과 연필이었던 셈이지요.

석판과 석필은 1900년대 초까지 널리 쓰였습니다. 그러다가 종이와 연필이 공장에서 대량으로 만들어지면서, 교실에서 모습을 감추었지요. 석판과 석필은 무겁고 잘 깨졌기 때문에 어린 학생들이 가지고 다니며 쓰기에 불편했거든요.

지혜로운 어머니

"아니, 앨! 왜 이렇게 일찍 왔어?"

앨이 집에 돌아오자, 엄마가 깜짝 놀랐습니다.

앨은 아무 대답도 못하고 엄마를 바라보기만 했습니다. 그러더니 갑자기 엄마의 품으로 뛰어들어 엉엉 울어댔지요.

엄마는 앨을 꼬옥 끌어안고서 앨의 작은 등을 쓸어 주었습니다.

앨은 한참 뒤에야 울음을 그쳤습니다.

"선생님이 나보고 학교에 오지 말래요. 나, 머리가 썩었대요. 다른 아이들한테 방해만 된대요."

앨의 이야기를 듣고 엄마는 걱정하던 일이 기어이 일어나고야 말았구나 싶었습니다. 앨의 엄마는 결혼하기 전에 고향 마을에서 선생님으로 일했습니다. 그래서 선생님들이 앨처럼 호기심이 많은 아이를 얼마나 골치 아파하는지 잘 알고 있었습니다.

"괜찮아, 괜찮아, 앨."

엄마는 앨의 등을 토닥거리며 이렇게 달래 주었습니다.

얼마 뒤, 앨이 고개를 들고 물었습니다.
"엄마, 나 정말로 머리가 썩었어요?"
앨의 눈에 다시 눈물이 고였습니다.
"나, 정말로 머리가 썩었으면 어떻게 하지? 그러면 죽는

거 아니에요? 나, 머리가 썩어서 죽으면 어떻게 해?"

엄마는 앨이 안쓰러워 견딜 수가 없었습니다. 하지만 약한 모습을 보이면, 앨이 선생님의 말을 영원히 믿게 될지도 모른다는 생각이 들었습니다.

엄마는 마음을 가라앉히고 앨의 머리를 쓰다듬어 주며 다정하게 말했습니다.

"아냐, 우리 앨이 왜 머리가 썩어? 머리가 이렇게 크고 단단한데 어떻게 썩을 수 있겠니? 선생님이 잘 모르고 하신 말씀이야."

그러고 나서 앨을 보고 활짝 웃었지요.

"앨, 내일부터 엄마랑 집에서 공부할까? 엄마가 선생님을 하고 네가 학생을 하고, 우리 둘이서 재미있는 학교

놀이를 하는 거야."

앨도 얼굴이 환해졌습니다.

"학교 놀이? 엄마랑 나랑?"

앨은 신이 나서 박수를 쳤습니다. 그러더니 엄마에게 이렇게 물었죠.

"그런데 엄마, 엄마랑 공부하면, 나, 궁금한 건 뭐든 물어 봐도 돼?"

엄마가 앨의 얼굴을 두 손으로 감싸쥐고 말했습니다.

"물론이죠, 도련님! 엄마는 모르는 게 있으면 그때그때 물어 보는 학생이 제일 좋은걸!"

"야아! 엄마가 최고야!"

앨은 기뻐서 환성을 질렀습니다.

이튿날부터 앨은 엄마와 집에서 공부했습니다. 엄마는 여름에는 시원한 나무 그늘에서, 겨울에는 따뜻한 난롯가에서 앨과 마주 앉아 정성스럽게 가르쳐 주었습니다. 때로는 앨이 스스로 해답을 찾아볼 수 있도록 책을 건네 주기도 했습니다.

엄마와 둘이서 공부하자, 앨은 실력이 쑥쑥 늘었습니다. 글자를 읽고 쓰는 법과 더하기, 빼기, 곱하기, 나누기를 이내 깨우치고, 어른들도 읽기 힘들어하는 역사 책과 과학 책도 술술 읽고 이해하게 되었습니다.

  그런 만큼 앨의 질문도 어려워져서, 엄마도 대답을 하지 못할 때가 많았습니다. 하지만 엄마는 앨에게 짜증을 내지 않았습니다. "우리 같이 답을 찾아볼까?"라고 하면서 어딘가에서 책을 빌려 와서, 앨과 함께 읽어 보고 이야기를 나누었습니다.

  아빠는 열심히 가르치는 아내와 열심히 공부하는 앨이 자랑스러웠습니다. 그래서 앨이 책을 한 권씩 읽을 때마다 상으로 용돈을 주곤 했답니다.

배우가 되고 싶어한 앨

에디슨이 어렸을 때는 어린이를 위한 동화 책이 거의 없었습니다. 그래서 에디슨은 엄마, 아빠가 읽는 문학 책들을 읽으며 상상력을 키워 나갔지요. 성인용 문학 책 가운데 에디슨이 특히 좋아한 것은 〈리어왕〉, 〈햄릿〉, 〈로미오와 줄리엣〉 등이 실린 희곡집이었습니다. 영국의 극작가 셰익스피어가 쓴 연극 대본을 책으로 엮은 것이지요.

에디슨은 셰익스피어를 어찌나 좋아했던지 늘 셰익스피어의 책을 가지고 다녔답니다. 한때는 연극 배우가 되고 싶다는 생각까지 했지요. 하지만 에디슨은 다른 사람들 앞에서 연기를 할 수 있을 만큼 숫기가 좋은 사람이 아니었습니다. 그래서 연극 배우의 꿈을 접고 새로운 꿈을 찾을 수밖에 없었다고요.

과학자가 될 테야

"앨, 이 책을 한번 읽어 보렴."

앨이 아홉 살이 되었을 때, 엄마가 앨에게 책을 한 권 선물했습니다. 책표지에는 "자연 과학과 실험 과학의 첫걸음"이라고 큼직하게 씌어 있었습니다. 앨은 가만히 책장을 넘겨 보았습니다. 그러고는 눈이 휘둥그레져서

"와아아!"

하고 소리치게 되었지요.

책에는 지렛대와 도르래, 빗면과 쐐기 등 주위에서 쉽게 볼 수 있는 물건들에 어떤 과학이 숨어 있는지 자세히 씌어 있었습니다. 지구와 달과 태양과 별 등이 어떤 질서 아래에서 움직이는지도 쉽게 풀이되어 있었습니다. 전기와 자기 같은 눈에 보이지 않는 에너지가 얼마나 큰 힘을 가지고 있고 얼마나 많은 일을 해낼 수 있는지도 깊이 있게 다루어져 있었습니다.

하지만 무엇보다 신이 났던 것은, 스스로 실험하고 관찰하면서 답을 찾아볼 수 있도록 실험 재료와 실험 방법이 자세히 씌어 있다는 사실이었습니다.

앨은 그 책에 홀딱 빠져 곧장 자기 방을 실험실로 꾸몄습니다. 소금, 설탕, 밀가루 같은 실험 재료는 엄마한테 얻어서 못 쓰는 병에 담아 놓았습니다. 집에서 구할 수 없는 실험 재료는 용돈을 털어 사 모으고, 길바닥에 굴러다니는 옥수숫대와 산머루 줄기, 전선과 나사 같은 것도 쓰일 데가 있을까 싶어 주워 모았습니다.

　앨은 책에 나오는 실험을 하나하나 자기 손으로 해나갔습니다. 관찰 내용과 실험 결과는 꼬박꼬박 종이에 정리해 두었고요.
　책에 나오는 실험을 처음부터 끝까지 하고 나자, 앨은 책에 나오지 않는 실험까지 하게 되었습니다. 마찰 전기를 일으키는 실험을 한답시고 고양이의 털을 유리 막대로 문지르다가 고양이에게 얼굴이 할퀴어지기도 했고, 화학 약품을 잘못 섞다가 폭발을 일으켜 거실의 가구를 망가뜨리기도 했지요.

"나 원, 불안해서 살 수가 있나? 더 이상 두고보아서는 안 되겠어!"

앨의 방에서 걸핏하면 뭔가가 펑펑 터지고 고약한 화학 약품 냄새가 흘러 나오자, 아빠는 앨을 단단히 혼내야겠다고 생각했습니다.

그 때마다 엄마는 아빠를 말렸습니다.

"그러지 마세요. 앨도 자기가 무엇을 잘못했는지 알고 있을 거예요."

그러나 앨은 결국 엄마까지 질리게 하고 말았습니다.

그날 앨은 책을 읽다가 "기구가 하늘 높이 떠오르는 것은 풍선 안에 가벼운 기체가 들어 있기 때문이다."라는 구절을 보았습니다.

앨은 눈이 휘둥그레졌습니다.

'와아, 그럼 가벼운 기체를 먹으면 사람도 둥둥 떠오르겠네!'

앨은 방안의 약품 병을 주욱 둘러보았습니다. 비등산이 눈에 확 들어왔습니다. 비등산은 물에 넣으면 거품이 부글부글 일어나게 하는 약품이었습니다.
"그래, 저 약을 먹으면 몸 속에서 거품이 부글부글 일어날 거야. 저걸로 실험을 해보자."

앨은 비등산 덩어리를 부수어 가루를 냈습니다. 그 때 친구 마이크가 앨을 찾아왔습니다. 마이크는 앨 아빠의 곡물 상점에서 일했는데, 가게에 손님이 없으면 곧잘 앨의 방으로 와서 실험을 하며 놀았습니다.

"뭘 그렇게 열심히 부숴?"

마이크가 물었습니다.

앨은 약 만들기에 바빠 마이크를 보는 둥 마는 둥 하고 대꾸했습니다.

"으응, 약을 만들어. 날게 해주는 약, 사람을 새처럼 날게 해주는 약 말야."

사람을 새처럼 날게 해주는 약이라니, 마이크는 깜짝 놀랐습니다. 하지만 이내 고개를 설레설레 가로저으며 코웃음을 쳤습니다.

"핏! 네가 무슨 마법사야? 어떻게 나는 약을 만들어? 거짓말하지 마."

그러자 앨이 딱 돌아앉았습니다.

"너, 기구 알지? 하늘을 둥둥 떠다니는 커다란 풍선 말야."

"응, 알아."

마이크가 대답하자, 앨이 다시 물었습니다.

"너 기구가 왜 뜨는지 알아?"

"몰라. 왜 뜨는데?"

"기구가 뜨는 건 풍선 안에 가벼운 기체가 들어 있기 때문이야. 그러니까 사람도 몸 속에 가벼운 기체를 가득 채우면 떠오르지 않겠어?"

앨은 이렇게 말하고서 어깨를 으쓱했습니다.

"이건 기체를 일으키는 약이야. 그러니까 이걸 먹으면 몸이 둥둥 떠오를지 모른다구. 다시 말해서 나는 세계 최초로 하늘을 날게 해주는 약을 만들고 있다 그 말씀이야!"

앨이 세계 최초로 하늘을 나는 약을 개발한다고? 그럼 나는 그 약을 먹고 세계 최초로 하늘을 나는 사람이 되고 싶어! 마이크는 어찌나 흥분했던지 몸을 부르르 떨었습니다. 그리고 앨에게 그 약을 자기가 먹게 해달라고 졸라댔지요.

하지만 실험을 하러 마당으로 나가자, 마이크는 한 가지 걱정이 생겼습니다.

마이크가 약을 먹으려다 말고 물었습니다.

"그런데 떠올랐다가 다시 못 내려오면 어떻게 하지? 그

냥 하늘로 계속 올라가 버리면 큰일이잖아."

앨이 하늘을 쳐다보며 잠깐 생각을 해보고는 이렇게 말했습니다.

"몸이 떠오르면 저기 저 나뭇가지를 붙잡아. 그럼 내가 사다리를 가져와서 안전하게 내려 줄게."

"정말, 그러면 되겠다! 야, 너 머리 좋다!"

마이크가 활짝 웃었습니다.

이제 마이크는 약을 먹고 앨이 시키는 대로 새가 날갯짓을 하듯이 팔다리를 휘저었습니다. 그런데 이게 웬일일까요? 아무리 기다려도 마이크는 떠오르지 않았습니다. 떠오르기는커녕, 배를 잡고 땅바닥을 데굴데굴 구르며 울기 시작했습니다.

앨은 깜짝 놀라 엄마를 불렀습니다. 엄마는 당장 의사 선생님을 모셔 왔고, 의사 선생님은 마이크의 목에 관을 넣어 마이크가 먹은 것을 모두 토하게 했습니다.

의사 선생님은 앨에게 호통을 쳤습니다. 일찍 손을 썼기에 망정이지, 까딱하다가는 마이크가 목숨을 잃을 뻔 했다면서 말입니다.

그날 밤 앨은 엄마에게 회초리를 맞았습니다. 그리고 다시는 사람을 상대로 실험을 하지 않겠다고 다짐을 했지요.

엄마가 무서운 얼굴로 말했습니다.

"앞으로 비행 실험은 절대 안돼. 네 방에 있는 실험 도구와 화학 약품도 모두 지하실로 옮기고, 위험한 것에는 표시를 해둬야 한다! 알았지?"

이렇게 해서 앨은 감자와 야채, 밀가루 부대가 가득 쌓여 있는 지하실 한 귀퉁이로 실험실을 옮겼습니다. 앨의 지하 실험실에는 해골 표시와 함께 '독약'이라는 딱지가 붙은 병이 200여 개에 이르렀습니다.

인류의 오랜 꿈을 이루어 준 발명품, 기구

하늘을 날아오르고 싶다는 것은 인류의 오랜 꿈이었습니다. 기구는 이 꿈을 처음으로 이루어 준 발명품입니다.

기체는 가볍거나 온도를 높이면 공중으로 떠오르는 성질이 있습니

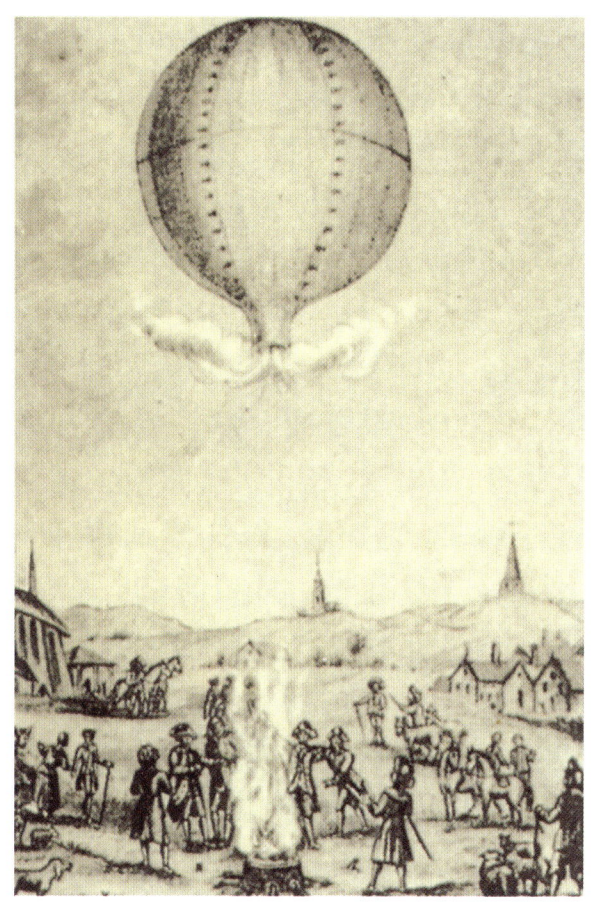

몽골피에 형제의 열기구

다. 기구는 기체의 이런 성질을 이용하여 만들었는데, 공기가 통하지 않는 커다란 풍선 안에 헬륨이나 수소처럼 가벼운 기체나 더운 공기를 가득 채워 넣어 공중으로 둥실둥실 떠오르게 한 것이지요. 풍선에다 사람이나 물건을 싣는 바구니를 매달아서요.

기구를 만들어 처음으로 비행에 성공한 주인공은 프랑스의 몽골피에 형제입니다. 1783년 몽골피에 형제는 더운 공기를 넣은 천자루가 공중으로 떠오르는 것을 보고 기구를 만들어 2.4킬로미터나 날았습니다. 같은 해 12월에는 프랑스의 물리학자인 샤를이 수소를 채운 기구를 만들어 2시간여 동안 비행했고요.

2 꿈꾸는 소년

열차에서 신문을 팔고 싶어요

앨은 그 뒤로도 과학과 실험에 대한 관심을 잃지 않았습니다. 그 세계에 더욱 깊이 빠져들어 하루라도 책을 보고 실험을 하지 않으면 견딜 수가 없게 되었지요.

그러다 보니 앨은 늘 돈이 필요했습니다. 실험에 필요한 화학 약품과 실험 기구를 사려면 용돈으로는 턱없이 부족했거든요.

결국 앨은 실험 도구를 사기 위해 열한 살부터 돈벌이를 시작했습니다. 친구와 집 앞 빈터에서 야채와 과일을 길러, 수레에 싣고 다니며 장사를 한 것입니다.

이듬해인 1859년, 앨에게 좋은 기회가 찾아왔습니다. 캐나다의 토론토에서 출발하여 휴런 호의 남쪽을 도는 그랜드트렁크 철도가 포트휴런을 지나 디트로이트까지 이어지게 된 것입니다. 포트휴런에 철도가 들어오자 사람들은 박수를 치며 좋아했습니다. 앨도 만세를 불렀습니다. 열차가 다니는 것을 보고 좋은 생각을 하게 되었거든요.

'포트휴런에서 디트로이트까지 가려면 반나절이 넘게 걸려. 그렇게 오랫동안 의자에 앉아 있으려면 다들 심심하

고 출출하겠지? 그래, 열차 안에서 신문이나 팝콘, 사탕 같은 걸 팔자! 그럼 돈을 많이 벌 수 있을 거야!'

앨은 열차 안에서 장사를 하여 돈을 벌고, 그 돈으로 필요한 실험 기구와 화학 약품을 사고 싶었습니다. 그 무렵 앨 또래의 미국 아이들이 밥벌이를 위해 일을 하는 것은 아주 흔했기 때문에, 앨은 부모님이 당연히 허락해 줄 것이라고 믿었습니다. 하지만 그것은 착각이었습니다. 엄마 아빠는 앨의 이야기를 들어 보려고도 하지 않았습니다.

앨이 열차에서 신문을 팔겠다고 하자, 아빠가 말했습니다.

"지금 제 정신으로 하는 소리야? 디트로이트 행 왕복 열차는 아침 7시에 출발해서 밤 9시 30분이 넘어야 돌아와. 그렇게 오랜 시간을 열차 안에서 보낸단 말이냐? 그것도 신문을 팔고 다니면서?"

아빠는 고개를 설레설레 저으며 안된다고 했습니다.

앨이 애처롭게 말했습니다.

"아침 일찍 출발해서 밤늦게 돌아오기는 하지만 그렇다고 종일 기차만 타는 것은 아니에요. 열차가 디트로이트에 도착하면 몇 시간 동안 쉬었다가 포트휴런으로 돌아오니까, 그 동안은 나도 쉴 수 있다고요."

그러고는 엄마를 바라보며 중얼거렸습니다.

"그 시간을 이용해서 디트로이트 도서관에 가서 책을 읽을 수도 있어요."

하지만 엄마도 고개를 가로저었습니다.

"공부도 좋지만 건강이 우선이야. 그렇게 힘들게 일하

고 도서관에 가서 공부까지 하면 몸이 견뎌 낼 것 같니? 돈이 필요하면, 차라리 아빠를 도와 상점에서 심부름을 하거라. 그럼 아빠가 용돈을 두둑이 올려 주실 거야."

앨은 고개를 숙였습니다.

앨은 위험한 실험을 하여 부모님을 걱정시킨 적은 많았지만, 부모님의 뜻에 맞선 적은 한 번도 없었습니다. 하지만 아무리 생각해 봐도 이번만큼은 부모님 말에 따르고 싶지 않았습니다.

신문팔이를 하여 안정적으로 돈을 벌게 되면, 부모님께 손을 벌리지 않고도 자기 생활을 꾸려 나갈 수 있을 것 같았으니까요. 앨은 하루 빨리 부모님의 그늘에서 벗어나 어른이 되고 싶었습니다.

앨은 며칠 동안 부모님의 꽁무니를 졸졸 따라다니며 조르고 또 졸랐습니다. 결국 부모님은 두 손을 들었습니다.

엄마가 물었습니다.

"그렇게 일이 하고 싶니?"

"예!"

앨은 작지만 다부진 목소리로 대답했습니다.

엄마, 아빠가 서글픈 눈으로 서로를 바라보았습니다.

이윽고 아빠가 입을 열었습니다.

"그래, 우리가 졌다. 네 뜻대로 하거라."

엄마가 말을 이었습니다.

"하지만 한 가지는 약속해야 돼. 건강이 나빠지면 언제라도 일을 그만두는 거다. 알았니?"

"네!"

앨은 집안이 쩌렁쩌렁 울리도록 힘차게 대답했습니다.

새 시대의 개막을 알리는 기차

1800년대 이전까지 육지에서 가장 빠른 운송 수단은 마차였지요. 그러다가 1825년에 영국의 스톡턴과 달링턴 사이에 선로가 놓이고, 최초의 기관차 로커모션 호가 그 위를 달리기 시작하자, 사람들은 흥분의 도가니에 빠져 들었습니다. 쇳덩이로 만들어진 기관차가 말도 없이 움직이며, 석탄 9만 킬로그램을 실은 화물칸을 시속 18킬로미터의 속도로 끌었으니까요. 이 때 사람들에게 기차는 지금으로 치면 우주선과도 같은, 놀라운 발명품이었습니다.

미국은 1876년 무렵에야 기차를 타고 전국을 여행할 수 있을 만큼 선로가 놓였습니다. 그런데 초기의 열차는 지금의 열차와 많이 달랐답니다. 객차는 모두 나무로 되어 있었고, 냉난방이 자동으로 이루어지지 않아 겨울에는 객차 안에 난로를 피워야 했지요. 난로의 땔

감이 떨어지면 승객들이 열차에서 내려 땔감을 주워 오기도 했고요. 우리 나라에서 철도는 1899년 9월에 처음으로 개통되었습니다. 인천의 제물포에서 서울의 노량진까지 33.2킬로미터를 오가는 경인선이 우리 나라 최초의 철도지요.

최초의 기차, 로커모션 호

불이야!

신문팔이 일은 고단했지만 앨은 즐겁게 생활했습니다. 달리는 열차 안을 뛰어다니며 신문과 팝콘, 사탕, 땅콩 등을 팔고, 남는 시간에는 신문을 꼼꼼히 읽었습니다. 열차가 디트로이트에 도착하면, 포트휴런으로 돌아가기 전까지 내내 도서관에 틀어박혀 책을 읽었고요.

일을 마치고 포트휴런의 집에 돌아오면 밤 10시가 넘기 일쑤였습니다. 하지만 앨은 바로 잠들지 않았습니다. 부모님께 허락을 얻어 잠자는 시간을 쪼개 책을 읽고 실험을 했습니다.

사실, 앨은 마음이 급했습니다. 신문을 통해 바라본 세상은 하루가 다르게 바뀌고 있었거든요. 1775년 제임스 와트가 증기 기관을 개발한 이후, 기계 산업이 눈부시게 발전하여 이제 공장에서는 손으로 해오던 일을 기계로 하게 되었습니다. 한편에서는 전기가 발견되고 전기 에너지의 놀라운 성질들이 밝혀지면서 전기를 이용한 기계들도 속속히 나오고 있었습니다.

앨은 활기차게 돌아가는 세상에서 뭔가 근사한 일을 해

보고 싶었습니다. 그래서 더욱 더 실험과 공부에 매달리게 되었지요.

그런데 에디슨이 신문팔이 생활을 시작한 지 3년째 되던 1861년, 미국에서는 큰 전쟁이 일어났습니다. 노예제도를 반대하는 공화당의 링컨이 대통령에 당선되자, 노예제도에 찬성하던 남부 사람들과 노예제도를 반대하던 북부 사람들이 맞붙어 싸우게 된 것입니다.

전쟁이 일어나자 사람들은 전쟁의 상황이 어떻게 바뀌는지 빨리 알고 싶어했습니다. 그 때문에 앨은 신문팔이 일이 바빠져서 도서관에 갈 겨를이 없어졌습니다.

대신에 앨은 재미있는 일을 생각해 냈습니다. 다른 사람이 만든 신문을 팔기만 할 것이 아니라 스스로 신문을 만들어 보기로 한 것입니다.

'날마다 펴내기에는 힘이 달릴 테니까, 한 주에 한 번씩만 내는 거야.'

'주간지니까 아무래도 한 주의 소식을 아우르는 비평 기사가 많아야겠지?'

'포트휴런과 디트로이트 사이 구간에서만 팔 테니까, 이곳 사람들이 궁금해하는 지역 소식도 함께 실으면 어떨까?'

앨은 틈이 날 때마다 어떤 신문을 펴내면 좋을지 궁리하고 좋은 생각이 있으면 종이에 적었습니다. 이렇게 해서 신문의 내용과 짜임새가 갖추어지자, 앨은 중고 인쇄기를 사들여 "주간 헤럴드"라는 이름으로 한 주에 한 번씩 신문을 찍어 냈습니다.

나라 안팎의 소식을, 한 주 단위로 깔끔하게 정리해 주고 지역 소식까지 알려 주는 신문, 《주간 헤럴드》는 열차 승객들에게 큰 인기를 끌었습니다. 덕분에 앨은 어른의 벌이에 버금갈 만큼 많은 돈을 벌었습니다.

돈이 많아지자, 앨은 살림에 보태 쓰라며 어머니께 생활비를 드렸습니다. 남은 돈으로는 화학 약품과 실험 기구와 과학 책을 사서 신문을 보관하는 화물칸에 갖다 놓았습니다. 달리는 열차 안으로 실험실을 옮기고 과학 공부를 계속해 나간 것입니다.

그러다가 앨은 또 다시 말썽을 일으키고 말았습니다.

앨이 실험실로 쓰는 화물칸에는 위험한 실험 도구도 몇 가지 있었습니다. 그 중 가장 위험한 것은 인으로 된 막대였습니다. 인은 조그만 충격에도 불이 붙는 성질이 있어 앨은 인 막대를 늘 물 그릇에 담아 두었습니다.

하루는 열차가 포트휴런에서 16킬로미터 정도 떨어진 곳을 지나가는데, 선로가 휘어 아주 심하게 덜컹거렸습니다. 그 바람에 인 막대가 물 그릇에서 튕겨져 나와 화물칸의 나무 바닥으로 떨어졌습니다. 한 순간 인 막대에서 불길이 일었고, 불은 이내 화물칸 바닥으로 옮겨 붙었습니다.

"불이야! 화물칸에 불이 났어요! 도와주세요!"

앨은 목이 터져라 소리치면서 윗도리를 벗어 들고 허겁지겁 불을 껐습니다. 하지만 불길은 화물칸 바닥을 타고 더욱 멀리 번져 갈 뿐이었습니다. 깜짝 놀란 차장 아저씨가 모래 자루를 짊어지고 화물칸으로 왔습니다. 아저씨는 앨을 밀치고 화물칸 바닥에다 정신없이 모래를 끼얹었습니다. 불길은 그제야 잡히기 시작했습니다.

"휴, 살았다!"

앨은 땅이 꺼질 듯 한숨을 쉬고는 허리를 쭉 펴고 숨을 크게 들이쉬었습니다.

그 때 차장 아저씨가 저벅저벅 걸어와서는, 커다란 손을 치켜들고 앨의 뺨을 철썩 내리쳤습니다. 그리고 불 꺼진 화물칸 안에서 앨의 물건을 하나씩 들고 나왔습니다.

아저씨는 앨이 목숨처럼 아끼던 약품 병과 실험 기구와

인쇄 기구 들을 차례차례 열차 밖으로 내던졌습니다.

쨍그랑!

와장창!

퍽!

앨의 물건들이 선로의 자갈에 부딪혀 부서지고 깨지고 우그러졌습니다.

 **열차와 에디슨의 귀**

에디슨은 어릴 때 홍역을 심하게 앓아 귀가 많이 상했답니다. 그런데 열차에서 신문을 팔던 시절에 에디슨은 귀가 더욱 나빠지고 말았습니다. 열차가 출발하는 것을 보고 뒤늦게 뛰어오르려는 에디슨을, 차장이 끌어올려 준다는 것이 귀를 잡아당겨 고막이 상했다는 이야기도 있고, 열차 화재 사건 때 차장한테 뺨을 너무 세게 맞아 고막이 상했다는 이야기도 있지요.

어쨌든 에디슨은 귀가 더 나빠져서, 결국 왼쪽 귀로는 전혀 듣지 못하게 되었습니다. 오른쪽 귀로도 다른 사람들의 20퍼센트밖에 못 들었고요.

하지만 에디슨은 귀가 어두운 것을 단점으로 여기지 않았습니다. 덕분에 세상의 시끄러운 소리로부터 멀어져서 발명만 생각할 수 있다고 생각했지요.

전기를 만나다

화재 사건이 일어난 뒤, 앨은 열차 안에서 신문과 군것질거리만 팔 수 있을 뿐, 실험을 하거나 신문을 찍어 내는 일은 할 수 없게 되었습니다. 그런데 1862년 8월 어느 날, 디트로이트 행 열차를 타고 가다가 앨은 삶의 방향을 바꾼 기회를 만났습니다.

그날도 앨은 열차에서 팔 물건들을 챙겨 가지고 포트 휴런에서 아침 일찍 열차를 탔습니다. 얼마 뒤 열차가 마운트클레멘스 역에 도착하자, 앨은 열차에서 내려 선로를 따라 걸었습니다.

따가운 여름 햇살이 선로 위로 내리쬐는 가운데 디트로이트 행 열차는 다른 역에서 보내 온 화물칸을 떼어 내고 마운트클레멘스 역에서 다른 역으로 보내는 화물칸을 붙이고 있었습니다.

'아, 따분해! 빨리 출발했으면 좋겠는데…….'

앨은 열차를 돌아보고는 팔을 쭈욱 뻗치며 기지개를 켰습니다. 그리고 마운트클레멘스 역 안을 무심히 훑어보았지요. 그 때 저 앞 선로 위에서 자그마한 꼬마 하나가 자

갈을 갓고 노는 것이 보였습니다.

'저러다 열차가 들어오면 위험한데…….'

앨은 아이를 선로 밖으로 내보내려고 그쪽으로 달려갔습니다. 그런데 이 일을 어쩌지요? 그 때 기관차 하나가 아이를 보지 못하고 선로로 들어온 것입니다. 앨은 들고 있던 신문 다발을 팽개치고 정신없이 아이를 향해 달려갔습니다.

앨이 아이 앞에 이르렀을 때 열차는 이미 코앞까지 와 있었습니다. 앨은 앞뒤 가릴 겨를도 없이 아이를 향해 몸을 날린 뒤, 아이를 안은 채로 선로 밖으로 몸을 굴렸습니다. 다음 순간, 열차가 앨의 머리카락을 사방으로 날리며 지나갔습니다.

"휴우, 살았다!"

앨은 깊게 숨을 내쉬었습니다.

그러고는 욱신거리는 몸을 일으키고 앉아, 아이가 다치지 않았는지 살펴보았지요. 다행히 아이는 자갈에 몇 군데 긁힌 것말고는 큰 상처를 입지 않았습니다. 하지만 어찌나 겁을 먹었던지 울지도 못하고 눈만 동그랗게 뜨고 있었지요.

"꼬마야, 괜찮지?"

앨이 아이의 얼굴을 들여다보며 물었습니다. 그제야 아이는 "와앙!" 하고 울음을 터뜨렸고, 사람들이 앨과 꼬마가 있는 곳으로 달려왔습니다.

알고 보니, 그 아이는 마운트클레멘스 역의 역장 매킨지 씨의 아들이었습니다. 매킨지 씨는 앨이 위험을 무릅쓰고 아들을 구해 주었다는 것을 알고 너무너무 고마워했습니다.

매킨지 씨가 앨의 손을 덥석 잡고 말했습니다.

"자네가 없었으면 내 아들은……! 아, 이 은혜를 어떻게 갚아야 하지?"

매킨지 씨는 앨에게 어떻게 보답해야 할까 고민했습니다. 그리고 며칠 뒤에 앨을 집으로 초대해 이렇게 말했지요.

"자네에게 뭔가 그럴 듯한 선물을 해주고 싶은데, 내가 형편이 넉넉하지 못해서……. 그래서 말인데, 에디슨 군, 나한테 전신을 배워 보지 않겠나? 큰돈은 벌지 못해도 먹고사는 데 어려움은 없을걸세."

전신을 배울 수 있다니! 앨은 뛸 듯이 기뻤습니다.

전신은 전선을 통해 신호를 전달하여 소식을 전하는 것으로, 그 무렵에는 가장 빠른 통신 수단이었습니다. 그 시절 사람들은 오늘날 우리가 컴퓨터 전문가를 부러워하듯이, 전신 기사를 부러워했지요.

앨도 새로운 것에 호기심이 많았습니다. 새로운 과학 기술에 대한 관심도 아주 많았고요. 앨은 전신 기술을 익힐 기회를 얻자 신문팔이를 그만두었습니다. 밤이나 낮이나 오로지 전신만 생각하며 지냈습니다.

'이 가느다란 전선에 무슨 비밀이 있기에 소식을 이렇게 멀리, 이렇게 빠르게 전해 주는 걸까?'

앨은 전신기를 이용해 신호를 보내는 법과 전신기를 통해 전해진 신호를 풀이하는 법을 익히는 한편, 전신의 원리를 밝히기 위해 시간 가는 줄 모르고 실험에 빠져 들었습니다.

재미있는 전신의 원리

쇠못에 전선을 감고 전선에 전류를 흘려 보내면, 못이 자석처럼 쇠붙이를 끌어당깁니다. 그러다가 전류를 끊으면 못이 자석의 성질을 잃고 쇠붙이를 밀어내지요.

전신은 전기의 이런 성질을 이용해 만든 발명품으로, 신호를 보내는 레버와 신호를 받는 레버를 전선으로 이어 놓은 것입니다. 신호를 보내는 쪽에서 전신 기사가 레버를 두드리면 잠깐 동안 전선에 전류가 흘러 신호를 받는 쪽의 레버가 자석의 성질을 갖게 됩니다. 이에 따라 신호를 받는 레버가 가까이 있는 쇠붙이를 끌어당기는데, 이

한국 초창기의 전신기

쇠붙이에는 연필이 달려 있습니다. 그래서 레버가 쇠붙이를 끌어당기는 동안 연필이 두루마리 종이에 점(·)이나 선(−) 같은 신호를 남기지요. 신호를 받는 쪽의 전신 기사는 그 신호를 풀어 상대방이 무슨 소식을 보냈는지 알게 되고요.

에디슨이 전신을 처음 익힐 무렵에 전신기는 이처럼 점이나 선 같은 문자 부호를 주고받게 되어 있었습니다. 그러다가 에디슨이 전신 기사로 일할 무렵에 문자 부호 대신 '뚜', '뚜뚜' 하는 소리로 신호를 전달하는 기계가 개발되었지요. 이 전신기는 문자 부호를 이용하는 전신기보다 전달 속도가 빨라서 세계 각지의 통신소에서 널리 쓰였습니다. 신호음이 워낙 크고 날카로웠기 때문에 에디슨처럼 귀가 나쁜 전신 기사도 충분히 알아들을 수 있었고요.

떠돌이 전신 기사

앨은 전신 기술을 열심히 익혀, 그 해가 저물 무렵부터 통신소에서 전신 기사로 일하게 되었습니다.

바보라고 손가락질당하던 막내아들이 모두가 부러워하는 전신 기사가 되자 어머니는 감격에 벅차 눈물을 흘렸습니다. 이제 어머니는 앨이 부지런히 일하고 저축하여 단란한 가정을 꾸리기를 바랄 뿐이었습니다. 하지만 앨은 아직 돈을 모을 겨를이 없었습니다.

오늘날 컴퓨터 업계가 그러하듯이, 그 때 전신 업계에서는 더 많은 정보를 더 빠르게 전달하는 전신기를 개발하기 위해 여러 업체가 치열하게 다투었습니다. 그 결과 하루가 다르게 전신기가 발전하였고, 새 기계는 곧바로 사회 여러 분야에서 널리 쓰였습니다.

전신 기사들은 매일같이 개발되는 새로운 기계에 적응하기 위해 비지땀을 흘려야 했습니다. 에디슨도 다른 전신 기사들에게 뒤처지지 않기 위해 부지런히 새로운 전신 기술을 익혔습니다. 하지만 새 기술을 무작정 배우지는 않았습니다. 새 기계가 어떻게 작동하는지 알아 보기 위해 짬

이 날 때마다 전신기를 뜯어 보고 다시 조립해 보며 실험을 계속했습니다.

그래서 에디슨은 늘 빈털터리였습니다. 먹고 자는 데 드는 돈을 제외하고 남는 돈은 모두 전신기와 관련된 장비를 사는 데 쏟아 부었으니까요.

직장 생활도 고달프기는 마찬가지였습니다. 직장 안에서까지 실험을 하다 보니, 윗사람의 눈밖에 나서 쫓겨나기 일쑤였지요.

앨이 루이빌 통신소에서 일할 때였습니다.

"아니, 이게 누구 짓이야?"

통신소의 전무 이사가 사무실에서 고함을 질렀습니다.

바깥 일을 마치고 돌아와 보니, 사무실의 천장과 바닥에 이상한 얼룩이 잔뜩 묻어 있고 책상과 양탄자가 녹아서 너덜너덜해져 있었거든요.

화가 잔뜩 난 전무 이사는 누가 이런 짓을 했는지 찾아내라며 소리를 쳐댔습니다. 범인은 앨이었습니다. 기계실에서 남 모르게 실험을 하다가 실수로 황산이 담긴 병을 쓰러뜨렸는데, 그 바람에 흘러 나온 황산이 아래층까지 흘러 내려가 전무 이사의 책상과 양탄자를 녹여 버린 것입니다.

"알 만한 사람이 직장에서 이게 무슨 짓이오? 우리 통신소에는 당신 같은 직원이 필요 없으니, 당장 짐을 싸서 떠나시오!"

전무 이사는 앨을 해고했습니다.

앨은 가방 하나만 달랑 들고 갈 곳도 정하지 않은 채 열차에 올라탔습니다. 가방에는 옷 몇 벌과 책 몇 권, 그리고 실험 결과를 정리한 공책뿐이었고, 주머니에는 동전 몇 개만 짤랑댔습니다.

앨은 서글프게 웃었습니다.

"또 이 모양이네. 엄마가 아시면 무척 실망하시겠어."

하지만 앨은 실망하지 않았습니다. 전쟁은 아직 끝나지 않았고, 경력 있는 전신 기사들은 대부분 전쟁터에 나가 있습니다. 그러니 일자리는 어딘가에서는 구할 수 있겠지요. 늙으신 어머니를 편히 모시지 못해 죄송하기는 했지만, 앨은 조급하게 생각하지 않기로 했습니다. 새로운 기술과 새로운 기계를 원하는 통신 업계에서 뭔가 큰일을 할 수 있다면, 어머니께 지금의 몇 배는 효도할 수 있을 테니까요.

앨은 차창 밖을 내다보며 크게 숨을 들이쉬었습니다.

그리고

"기운 내, 앨. 다 잘될 거야……."

하고 나직이 중얼거렸습니다.

에디슨이 남긴 말

* 나는 실망하지 않는다. 실패는 성공으로 나아가는 밑거름이 되기 때문이다.
* 나는 하고 싶은 일을 할 시간이 모자랄 때말고는 용기를 잃지 않는다.
* 내 삶의 철학은 모든 것의 밝은 면을 보고 일하자는 것이다.
* 누가 나를 보고 천재라고 한다면, 나는 무엇이든 끈기를 가지고 하면 천재가 될 수 있다고 말하겠다.
* 나는 목표가 없는 사람이 가장 가엾다.

3
마침내 발명가의 길로

과학의 도시 보스턴에서

1868년, 스물한 살이 된 에디슨은 웨스턴유니언 전신 회사에 일자리를 얻어 보스턴으로 왔습니다.

그 무렵 보스턴은 과학 기술의 도시로, 세계 전기 산업을 이끌어 나가고 있었습니다. 세계 최고의 과학자와 기술자 들이 도시 곳곳의 연구소와 공장에서 일하고 있었고, 거리에는 과학 책과 화학 약품, 전기 부품과 장비를 파는 상점이 줄줄이 늘어서 있었습니다.

마치 커다란 과학 실험실 같은 이 도시에서 에디슨은 가슴이 뛰었습니다.
　　'나도 이곳에서 뭔가를 이루어 내고야 말 거야!'
　　에디슨은 이렇게 다짐하며 주먹을 불끈 쥐었습니다.
　　보스턴에는 에디슨처럼 전신 업계에서 뭔가를 이루고 싶어하는 전신 기사들이 많았습니다. 그들은 모임을 만들어 함께 공부하기도 하고, 전신을 통해 새로운 기술과 장비에 대한 정보를 주고받기도 했습니다. 에디슨은 그런 모임에 참가해 열심히 공부했습니다. 서점에도 문턱이 닳도록 드나들며 새로운 과학 기술에 대한 지식을 얻었고요.

그러다가 에디슨은 서점에서 놀라운 책을 발견했습니다.

'아니, 이것은 전자기학의 아버지 패러데이가 쓴 책이잖아!'

에디슨은 조심스럽게 책을 집어 들었습니다.

하지만 책을 펼쳐 보려니, 어쩐지 망설여졌습니다. 이름 난 과학자들은 쉬운 설명도 어려운 수학 공식으로 복잡하게 꼬아 놓기 좋아하니까요. 에디슨은 과학을 좋아하기는 했지만 수학은 딱 질색이었습니다.

그래서

'이 책도 그러면 어쩌지?'

하고 긴장된 마음으로 책장을 넘겨 보았습니다.

그런데 그 책에는 수학 공식이 많지 않았습니다. 어려운 과학적 원리가 실험을 통해 쉽고 간단하게 풀이되어 있었습니다.

"좋았어! 이런 책이라면 얼마든지 읽을 수 있지!"

에디슨은 주머니를 털어 책 한 질을 몽땅 샀습니다. 그

리고 곧장 집으로 돌아와서, 책상 앞에 앉았지요. 에디슨은 밥도 먹지 않고 잠도 자지 않았습니다. 패러데이의 이론에 빠져 시간 가는 줄 모르고 책만 들여다보았습니다.

이튿날 아침 함께 살던 친구가 잠에서 깨어났을 때도 에디슨은 책상 앞에 앉아 책을 보고 있었습니다.

"아니, 앨, 밤새 한숨도 안 잔 거야?"

친구가 걱정이 되어 물었습니다. 하지만 에디슨은 책에 빠져 친구의 말을 듣지 못했습니다.

"정말 못 말리겠군."

친구는 혀를 끌끌 차고는 화장실로 세수를 하러 갔습니다. 그런데 씻고 나오니, 에디슨이 저벅저벅 다가와서는 손을 덥석 잡는 것이 아닙니까?

"여보게, 친구! 할 일은 산더미처럼 많은데, 우리의 삶은 정말 짧지 않은가? 우리, 이제라도 힘을 내어 큰일을 해보세!"

에디슨은 이렇게 말하고는 친구의 어깨를 젖히고 문으로 걸어가며 소리쳤습니다.

"뭐 해, 이 친구야? 어서 아침 먹고 일하러 가야지!"

친구는 황당해서 눈을 끔벅거렸습니다.

그 뒤 에디슨은 전신 장비와 축전지, 전선 등을 잔뜩 사다 놓고서 밤마다 뭔가를 실험했습니다. 하지만 그 실험은 예전의 실험과는 아주 달랐습니다. 그 전에는 다른 사람이 세운 이론이나 다른 사람이 만든 기계의 원리를 밝히기 위해 실험을 했다면, 이제부터는 에디슨 스스로 뭔가를 만들기 위해 실험했으니까요.

전자기학의 아버지, 마이클 패러데이(1791~1867)

전기와 자기가 일으키는 여러 가지 현상을 연구하는 학문을 전자기학이라고 합니다. 전자기학은 1600년대부터 본격적으로 연구되기 시작했습니다.

마이클 패러데이는 전자기학의 바탕이 되는 여러 가지 현상을 발견하여 '전자기학의 아버지'라고 일컬어지고 있지요. 그런데 패러데이와 에디슨은 공통점이 많답니다.

패러데이도 에디슨처럼 정식으로 교육을 받은 적이 없습니다. 가난해서 학교에 다니지 못하고 서점에서 점원으로 일했는데, 틈틈이 서점의 책을 읽으면서 혼자 실력을 쌓았지요.

패러데이도 에디슨처럼 실험을 아주 좋아했습니다. 패러데이의 이론 가운데 가장 이름 난 '전자기 유도' 현상도 실험을 통해 발견되었습니다.

전자기학의 아버지, 패러데이

패러데이는 전류가 쇠붙이를 자석으로 바꾸는 것을 보고 자석도 전류를 일으킬 수 있다고 믿었습니다. 그리고 실험을 거듭한 결과, 1831년 코일(전선을 나사 모양으로 돌돌 말아 놓은 것) 근처로 자석을 움직여 전류를 일으키는 데 성공했지요. 바로 이것이 '전자기 유도' 현상으로, 뒷날 발전기와 여러 가지 전자 제품을 만드는 데 밑거름이 되었답니다.

이름 없이 사라진 첫 발명품

에디슨은 첫 발명품으로 '투표 기록기'라는 기계를 만들었습니다. 투표 기록기는 투표를 빠르게 해주는 기계였습니다. 연방의회나 주의회의 의원석에 찬성 단추와 반대 단추를 하나씩 설치해 놓고, 법안을 처리할 때 의원들이 찬성 또는 반대 단추를 누르면 결과가 의장석 옆의 기록기에 바로 나타나도록 되어 있었지요.

에디슨은 의회에서 법률을 정할 때 투표를 하느라 지나치게 많은 시간을 낭비한다고 생각했습니다. 투표 기록기가 생기면, 의회에서도 허비하는 시간을 줄일 수 있어 좋아할 것이라고 믿었지요.

에디슨은 투표 기록기를 발명하자마자, 유명한 의원을 찾아갔습니다.

"이 기계가 있으면, 의원들이 투표하기 위해 투표함 앞에 줄을 서서 기다릴 필요가 없습니다. 투표 집계 결과를 보려고 일없이 자리에 앉아 기다릴 필요도 없고요. 의원들은 그저 자리에 앉아 단추만 누르면 됩니다. 그러면 결과가 바로바로 이 기계에 나타나니까, 법률을 정하기 위해

들이는 시간을 훨씬 줄일 수 있지요."

에디슨이 우쭐거리며 자기가 만든 기계를 설명했습니다. 하지만 의원은 시큰둥하게 말했습니다.

"좋은 생각을 했구만. 하지만 자네의 기계는 쓸모가 없네."

몇 달 동안 공들여 만든 기계가 쓸모가 없다니! 에디슨은 얼굴이 화끈 달아 올랐습니다. 눈앞이 캄캄해지고 머리도 어찔했습니다.

의원이 물었습니다.

"자네는 투표하는 데 드는 시간이 낭비라고 생각하나?"

에디슨은 아무 대답도 하지 못했습니다.

의원이 다시 말했습니다.

"보기에 따라서 그럴 수도 있겠지. 하지만 그게 전부는 아니라네.

투표를 할 때 의회에서는 많은 일이 일어나지. 다수파 의원들은 되도록 빨리 법안을 처리하려고 투표를 서두르고, 소수파 의원들은 한 사람이라도 더 자기 편으로 끌어들이려고 시간을 끈다네. 의원들이 투표를 하려고 줄을 서 있는 사이에도 이 사람, 저 사람을 붙잡고 설득을 하면서 말이지.

그런데 법안이 단추 하나로 처리된다면 어떨까? 소수파 의원들이 다른 사람을 설득할 겨를이 있을까? 그래서 이 기계는 필요 없다는 걸세. 이런 기계를 들여놓으면 소수파 의원들이 설 자리가 줄어드니까. 그건 공정하지 못해. 투표는 그렇게 하면 안되네."

의원의 말을 듣고 에디슨은 자기도 모르게 고개를 끄덕였습니다.

사실, 에디슨은 어떻게 하면 투표를 빨리 할 수 있을까 하는 문제만 생각했지, 투표를 공정하게 하는 문제에 대해서는 생각해 보지 않았습니다. 투표 기록기를 만들면서도, 투표 과정에서 이루어지는 토론이나 설득을 계산에 넣지 못했지요.

이렇게 해서 투표 기록기는 쓰이지도 못한 채 창고에 쳐박히게 되었습니다. 하지만 에디슨은 실패를 통해 큰 배움을 얻었습니다. 발명가란 모름지기 사람들이 정말로 원하는 것, 정말로 바라는 것을 만들어 내야 한다는 거지요.

시대를 앞서간 발명품, 투표 기록기

에디슨은 '사람들이 원하지 않는 것을 만들지 말라'는 발명의 원칙을 가지고 있었습니다. 하지만 사람들이 원하는 것은 시대에 따라 바뀝니다.

에디슨이 살던 시대에는 정보가 빠르게 퍼져 나가지 않았습니다. 그러다 보니 의원들조차 의회에서 무슨 법안이 투표에 부쳐졌는지 모르는 경우가 많았죠. 이럴 때는 투표 시간이 길수록 정보를 나눌 수 있는 시간이 늘어나 공정한 투표를 하는 데 도움이 됩니다.

하지만 지금 우리는 신문과 텔레비전, 전화와 인터넷을 통해 지구 반대편에서 일어나는 일도 바로바로 알 수 있는 세상에서 살고 있습니다. 의원들도 어떤 법안이 투표에 올랐는지 알고 그 법안에 찬성할지 반대할지 충분히 생각한 뒤에 투표에 참석하지요. 그렇다면 이럴 때도 투표 시간이 길어야 할까요?

최근 세계 여러 나라에서는 투표 시간을 줄이기 위해 컴퓨터를 이용하여 투표를 처리하는 경우가 늘고 있습니다. 바로 이것이 우리가 잘 아는 전자 투표 제도지요. 에디슨의 투표 기록기는 어떻게 보면 시대를 너무 앞서갔기 때문에 쓰이지 못했다고 볼 수도 있습니다.

금은 시세 표시기를 고치다

1868년 말에 에디슨은 웨스턴유니언 전신 회사를 그만두고 뉴욕으로 갔습니다. 뉴욕에 가면 사람들이 어떤 발명품을 원하는지 알기도 쉽고, 쓸 만한 발명품을 만들어 냈을 때 그것을 제품으로 만들 자금을 구하기도 쉬울 것 같았거든요. 뉴욕은 미국에서 돈과 정보가 가장 빠르게 도는 곳이었으니까요.

그러나 뉴욕에 와 보니, 꿈은 현실과 너무 멀었습니다. 에디슨은 투표 기록기를 만드는 데 돈을 모두 쏟아 부어, 동전 한푼 없었습니다. 당장 먹고 잘 일이 걱정이었지만, 뉴욕에는 아는 사람도 없었습니다. 에디슨은 기차역 안에서 잠을 자고, 빵집에서 공짜로 나누어 주는 빵을 얻어 먹으며 지냈습니다. 그러면서 혹시 아는 사람을 만나지 않을까 하고, 한겨울, 추운 뉴욕 거리를 정처 없이 떠돌아다녔지요.

그러기를 며칠째, 다리가 후들거려 금방이라도 쓰러질 것만 같을 때 누군가 에디슨의 어깨를 잡았습니다.

"아니, 자네가 여기 웬일인가?"

그 사람은 보스턴의 모임에서 함께 공부하던 전신 기사 프랭클린 포프였습니다.

"으응, 일자리를 찾아왔어. 혹시 어디 전신 기사를 구하는 곳 없나?"

에디슨이 물어 보자, 포프가 미안한 표정으로 말했습니다.

"글쎄, 지금 당장은 아는 곳이 없는데……."

그러더니 포프는 에디슨의 팔을 잡아 끌었습니다.

"일자리고 뭐고 우선 어디 가서 몸부터 녹여야겠네. 자네 꼴을 보니, 금방이라도 쓰러질 것 같아."

포프는 에디슨을 식당으로 데리고 가서 따뜻한 음식을 사 주었습니다. 그리고 자기 회사에 부탁해 에디슨이 며칠 동안 회사 안에서 머물 수 있게 해주었지요.

포프가 다니던 회사는 '금은 시세 표시기'라는 전신 기계를 이용하여 증권업자들에게 금값의 변화를 알려 주는 곳이었습니다. 에디슨은 이틀 동안 낮에는 사무실에서 포프의 일을 돕고 밤에는 지하의 기계실에서 잠을 잤습니다.

그런데 에디슨이 온 지 사흘째 되는 날 금은 시세 표시기가 느닷없이 멈추어 버렸습니다.

증권업자들은 당장 회사로 직원을 보냈고, 회사 안은 파견된 직원들의 고함 소리로 시끌벅적해졌습니다.

"어떻게 된 거요? 전신이 안 오잖아요!"

"어떻게 손을 좀 써 봐요! 지금 당장 금값을 알아내지 못하면, 우리는 엄청나게 손해를 본다구요!"

회사의 사장인 로스 박사도 성난 목소리로 담당자를 찾고 있었습니다.

"담당자가 누구야? 대체 어디서 뭘 하는 거냐고? 빨리 어디가 고장났는지 알아내서 기계를 고쳐야 할 것 아냐?"

기계 담당자는 금은 시세 표시기에 달라붙어 고장난 부분을 찾고 있었습니다. 하지만 기계가 워낙 복잡해서 고장난 부분을 찾기가 어려웠습니다. 포프와 다른 직원들도 고장난 곳을 찾느라 진땀을 흘리고 있었지만, 아무도 무엇이 문제인지 알아내지 못했지요. 그 때 에디슨이 앞으로 걸어 나왔습니다.

"어쩌면 제가 고칠 수도 있을 것 같은데요."

에디슨이 이렇게 말하자, 순간 모든 사람이 에디슨을 쳐다보았습니다. 로스 박사도 에디슨을 바라보았습니다. 에디슨은 생김새도 볼품없고 차림새도 꾀죄죄했지만 어딘가 자신감이 넘쳐 보였습니다. 로스 박사는 선선히 에디슨에게 한번 고쳐 보라고 했습니다.

아니나다를까, 에디슨은 고장난 부분을 금방 찾아냈습니다.

"나사가 빠져 나와 톱니바퀴 사이에 끼었군요. 그래서 기계가 멈춘 겁니다."

에디슨은 이렇게 말하고 나서 기계를 다시 들여다보았

습니다.

"아아, 이 녀석이 말썽을 일으켰구나! 스프링 하나가 망가졌어요. 그 바람에 나사가 빠져 나온 겁니다."

에디슨이 망가진 스프링을 꺼내서 사람들에게 보여주며 말했습니다.

"저, 이것과 똑같은 스프링이 필요한데요."

기술 담당자가 헐레벌떡 같은 모양의 스프링을 찾아 왔습니다. 에디슨은 스프링을 제자리에 끼워 넣은 뒤 톱니바퀴 사이에 끼어 있던 나사도 제자리에 돌려 넣었습니다.

기이잉!

기계가 다시 돌아가기 시작했습니다.

"와아, 돌아간다, 돌아가!"

사람들이 환성을 질렀습니다.

로스 박사가 에디슨에게 다가왔습니다.

"자네 이름이 뭔가?"

"토머스 에디슨이라고 합니다."

에디슨이 대답했습니다.

로스 박사가 에디슨을 찬찬히 살펴보며 말했습니다.

"이렇게 복잡한 기계에서 문제점을 금방 찾아내다니,

실력이 아주 좋구먼. 자네, 이 기계에 대해 얼마나 알고 있나?"

에디슨은 로스 박사의 회사에 머무르는 동안 금은 시세 표시기의 구조를 꼼꼼히 보아 둔 터였습니다. 그래서 금은 시세 표시기의 구조와 핵심 부품에 대해 이야기하고 이렇게 말을 맺었습니다.

"이 기계에는 커다란 문제점이 한 가지 있습니다. 다시 고장나지 않게 하려면, 구조를 조금 바꾸어야 할 것 같습니다."

로스 박사는 에디슨의 실력에 반해 그 자리에서 에디슨을 고용했습니다. 한 달에 300달러라는 엄청난 급료를 주겠다고 약속하면서 말이죠. 300달러라면, 그 무렵 일류 전신 기사들이 받던 월급의 두 배나 되는 큰돈이었습니다.

떠돌이 전신 기사 에디슨은 이렇게 해서, 하루 아침에 뉴욕 최고의 신사가 되었습니다.

 ### 전신과 증권업자

남북전쟁이 끝난 뒤 미국에서는 물가가 아주 빠르게 바뀌었습니다. 그러자 증권업자들은 금에 큰 관심을 기울였습니다. 미국에서 금값이 떨어질 때 미국의 금을 외국에 내다 팔고, 미국의 금값이 오르면 외국의 금을 미국에 팔아 돈을 번 것입니다.

그 무렵 가장 빠른 통신 수단은 전신이었으므로, 금값의 변동 상황은 전신을 통해 증권업자들에게 전해졌습니다. 로스 박사는 금의 가격 변화를 한꺼번에 여러 곳으로 알려 줄 수 있는 전신 기계를 개발하여 큰돈을 벌었고요.

잇따른 성공

그 뒤 에디슨은 로스 박사의 회사에서 나와 '에디슨 만능 증권 시세 표시기'를 만들었습니다. 에디슨 만능 증권 시세 표시기는 시시각각 바뀌는 증권의 가격을 증권업자들에게 알려 주는 전신 기계였습니다. 에디슨은 이 기계를 특허청에 등록하여 특허를 따냈습니다.

그런데 특허를 따자마자 '마샬 레파츠'라는 사람으로부터 연락이 왔습니다. 증권 시세 표시기의 특허를 사고 싶다고 에디슨에게 자기 회사로 와 달라고 한 것입니다.

"내 발명품을 사겠다는 사람이 생기다니!"

에디슨은 꿈을 꾸는 것 같았습니다. 그리고 어머니의 얼굴이 눈앞에서 어른거렸지요.

에디슨은 당장 집으로 편지를 썼습니다.

어머니, 아버지, 제가 드디어 발명품을 팔게 되었습니다.
이제 두 분을 편안히 모실 수 있게 된 거예요.
앞으로 힘든 일은 하지 마세요. 갖고 싶은 것이 있으면 마음껏 사세요.

돈은 제가 부쳐 드릴게요.

얼마가 필요한지 알려 주세요. 고향으로 돈을 부쳐 드리겠습니다.

사랑하는 아들 앨

에디슨은 편지를 다시 읽어 보았습니다. 가슴이 뿌듯해졌습니다. 벌써 세상에서 제일 가는 부자가 된 것 같았습니다.

하지만 행복한 순간도 잠시, 에디슨은 이내 고민에 빠져들었습니다.

'그런데 얼마를 달라고 해야 하지? 나, 참, 발명품을 팔아 봤어야 알지……'

에디슨은 증권 시세 표시기를 만들기 위해 흘린 땀과 노력을 생각해 보았습니다. 하지만 그것은 돈으로 계산할 수 없는 것이었습니다.

"한 5천 달러쯤 달라고 할까?"

그러다가 에디슨은 고개를 설레설레 저었습니다.

"안 돼. 그러다가 안 사겠다고 하면 어떻게 해? 그냥 4천 달러만 달라고 할까?"

그 때 좋은 생각이 머리를 스쳐 지나갔습니다.

"맞아, 레파츠 씨한테 먼저 물어 보자. 그 사람이 얼마를 주고 싶어하는지 알면, 값을 부르기가 훨씬 쉬울 거야."

에디슨은 이렇게 마음을 정하고 나서 레파츠의 사무실로 찾아갔습니다. 레파츠는 에디슨이 자리에 앉자마자 흥정을 시작했습니다.

"그래, 얼마면 특허권을 넘기겠나?"

에디슨이 씨익 웃으며 짐짓 사업가처럼 물었습니다.

"그래, 얼마면 특허권을 사시겠습니까?"

레파츠가 에디슨의 눈치를 살피더니 넌지시 말했습니다.

"한 4만 달러면 어떨까 싶은데……."

4만 달러라니! 에디슨은 심장이 뛰고 가슴 울렁거렸습니다. 4만 달러라면 어지간한 전신 기사가 20년 동안 받은 월급을 몽땅 모은 것보다도 많았으니까요.

'진정해, 진정하라구! 나는 이제 사업가야. 사업가가 이 정도 돈에 놀라면 어떡해?'

에디슨은 흥분을 가라앉히려고 갖은 애를 썼습니다. 하

지만 목소리가 떨리는 것은 어쩔 수가 없었지요.

"좋습니다. 그 정도면 저나 사장님이나 밑지는 장사는 아니겠군요."

이렇게 해서 특허권은 레파츠의 손으로 넘어갔고, 사흘 뒤에 에디슨은 레파츠로부터 4만 달러짜리 수표를 받았습니다.

에디슨은 레파츠의 회사에서 나오자마자 수표를 현금으로 바꾸기 위해 은행으로 갔습니다.

에디슨이 수표를 내밀자, 은행 직원이 수표를 찬찬히 살펴보더니 에디슨에게 돌려주며 이렇게 말했습니다.

"이서해 주세요."

'이서'란 사고가 날 때를 대비하여 수표 뒷면에 사용자의 이름과 연락처 등을 적는 것을 말합니다. 하지만 에디슨은 이서가 무슨 뜻인지 알지 못했습니다. 책과 실험 장비를 사 모으느라 여태 은행에 저축을 해본 적이 없었으니까요. 수표를 써 본 적은 더더욱 없었고요.

에디슨이 어리숙하게 굴자, 은행 직원이 답답하다는 듯이 말했습니다.

"글쎄, 수표 뒷면에 이름이랑 주소를 적으시라니까요."

그러자, 에디슨은 불길한 마음이 들었습니다.

'이 수표에 뭔가 문제가 있는 거야! 그렇지 않고서야 은행 직원이 뭣하러 수표에 이름과 주소를 쓰라고 하겠어? 속았어, 내가 속은 거야!'

에디슨은 사기를 당했다고 생각하고 그 길로 레파츠의 사무실로 달려갔습니다.

"사람을 이렇게 속여도 되는 겁니까? 어떻게 가짜 수표를 줄 수 있어요?"

에디슨이 수표를 집어 던지며 화를 내자, 레파츠는 영문을 몰라 눈만 끔벅거렸습니다. 그 때 에디슨이

"은행 직원이 이름과 주소를 쓰라는 말만 안했어도……."

하고 중얼거렸습니다. 그 말을 듣고 레파츠는 갑자기 배를 잡고 웃었습니다.

얼마 뒤, 레파츠는 에디슨에게 직원 하나를 딸려 보냈습니다. 은행 일에 어두운 에디슨을 대신하여 수표를 현금으로 바꾸어 주라고 말이지요.

이렇게 해서 수표를 현금으로 무사히 바꾸었지만, 에디슨은 그 뒤로도 며칠 동안 애를 먹었습니다. 혹시 도둑이 들어 돈을 훔쳐 가면 어쩌나 싶어, 잠도 못 자고 바깥 나들이도 못했지요. 마침 친구가 놀러 와서 돈을 은행에 맡기라고 일러주었기에 망정이지, 안 그랬다면 에디슨은 돈 때문에 신경 쇠약에 걸리고 말았을 것입니다.

 ### 특허권이란 무엇일까요?

여러분이 오랫동안 노력하여 발명을 하나 해냈다고 생각해 봅시다. 그런데 여러분이 발명한 것을 다른 사람이 베껴서 상품으로 만들고, 그것을 내다 팔아 큰돈을 번다면 어떨까요? 아마 기분이 몹시 상할 거예요. 여러분이 피땀 흘려 해낸 발명을 다른 사람이 아무 대가도 없이 이용하여 돈을 버니까 말이죠.

특허권은 이런 경우를 막기 위해 법률로 정해 놓은 권리입니다. 발명을 한 사람만이 그 발명품을 이용하여 돈을 벌 수 있도록 권리를 주는 거지요.

발명가들은 특허권을 다른 사람에게 팔거나 자신의 발명품을 스스로 상품으로 만들어 이익을 얻습니다.

4
멘로파크의 마법사

말하는 기계, 축음기

그 뒤 에디슨은 전신 인쇄기(전신을 종이에 자동으로 기록해 주는 장치)와 4중 전신기(선 하나로 네 곳에 정보를 전달하는 전신기) 등 굵직굵직한 발명품을 잇따라 개발하여 큰 성공을 거두었습니다. 하지만 돈이 많아지고 이름이 높아질수록 에디슨은 허전한 마음이 들었습니다.

'조용히 발명만 생각하며 지낸 것이 언제 일인지 모르겠군. 이러다 머리가 굳어 버리는 것은 아닐까?'

이 무렵 에디슨은 발명을 위해 실험하는 시간보다 만들어 놓은 발명품을 팔기 위해 뛰어다니는 시간이 많았습니다. 이 회사에서 저 회사로, 이 공장에서 저 공장으로, 어찌나 바쁘게 뛰어다녔던지 어머니가 돌아가실 때 곁을 지키지도 못했지요. 아이들과 마지막으로 놀아 준 것이 언제인지 생각나지 않고, 아내와 조용히 이야기를 나누어 본 것이 언제인지 기억나지 않았습니다.

에디슨은 어깨를 축 늘어뜨리고 한숨을 푹 내쉬었습니다.

'나에게는 여유가 필요해. 가족들을 돌보고, 발명에만

마음 쏟을 여유가…….'

하지만 모든 것이 바쁘게 돌아가고 사람들이 북적대는 도시에서는 여유를 찾을 수 없을 것 같았습니다. 에디슨은 사람이 많지 않은 한가로운 곳에서 살고 싶었습니다. 어디를 가나 풀과 나무를 볼 수 있는 곳, 머리 위로 탁 트인 푸른 하늘이 펼쳐져 있고, 길을 걸으면 사람들의 어깨 대신 시원한 바람이 부딪치는 곳에서 말입니다.

얼마 뒤 에디슨은 그런 곳을 찾아냈습니다. 뉴저지 교외의 한적한 마을 멘로파크였습니다.

에디슨은 멘로파크의 언덕 위에 아담한 집과 발명 연구소를 짓고, 1876년에 아내와 아이들, 그리고 홀로 남으신 아버지를 모시고 이사를 갔습니다.

멘로파크의 언덕에서는 계절마다 아름다운 들꽃이 피어났습니다. 언덕 아래 밭에서는 농부들이 한가롭게 농사를 짓고, 언덕 뒤 숲 속에서는 작은 동물들이 바지런히 먹이를 찾아다녔지요.

에디슨은 이곳에서 기운을 되찾고 발명에 힘을 쏟았습니다. 집으로 돌아와서는 아이들과 술래잡기도 하고 숨바꼭질도 하고 그림자 놀이도 하며 신나게 놀았습니다. 때로는 아이들을 기쁘게 해주려고 재미있는 장난감을 만들기도 했습니다.

그런데 하루는 딸 메리언과 놀다가 멋진 생각을 하게 되었답니다. 그날 에디슨은 메리언에게 인형을 하나 선물했습니다. 사람이 말을 하면 톱질을 하게 되어 있는 인형이었죠. 에디슨이 인형 안에 사람의 목소리에 민감하게 반응하는 진동판을 달아 놓았거든요. 사람이 말을 하면 인형

속에 장치된 진동판이 떨리고, 진동판이 떨리는 힘이 인형의 팔에 전달되어 톱질을 하는 것이었죠.

에디슨이 인형을 작동시키자, 메리언은 박수를 치며 좋아했습니다.

"와, 움직인다, 움직인다!"

메리언은 인형이 톱질하는 모습을 지켜 보며 까르륵 웃어댔지요.

그 모습을 흐뭇하게 바라보다가 에디슨은 문득 이런 생각을 하게 되었습니다.

'소리를 움직임으로 바꿀 수 있다면, 움직임도 소리로 바꿀 수 있지 않을까?'

그러자 며칠 전에 실험을 하다가 들었던 이상한 소리가 생각났습니다. 그 무렵 에디슨은 전신기에서 나오는 소리 신호를 빙글빙글 돌아가는 원통에 기록하는 실험을 하고 있었습니다. 그러다가 갑자기 회전 장치가 고장 나서 원통이 제멋대로 돌아갔는데, 그 때 원통에서 마치 사람 목소리 같은 이상한 소리가 났던 것입니다.

"어쩌면 아주 재미있는 발명품을 만들 수 있겠는걸!"

에디슨은 씨익 웃었습니다. 그리고 며칠 동안 실험실에

틀어박혀 뭔가를 열심히 실험했지요.

그 뒤 에디슨은 발명 연구소의 기계 부장 크루지에게 설계도를 한 장 넘겨 주었습니다.

"크루지, 이 설계도대로 기계를 하나 만들어 주겠나?"

"예, 소장님."

크루지는 설계도를 받아들고 가만히 살펴보았습니다. 그러더니 고개를 갸웃거리며, 이렇게 중얼거렸습니다.

"빙글빙글 돌리는 손잡이와 은박에 싸인 원통, 원통에 연결된 진동판, 진동판에 연결된 바늘……. 이게 대체 뭐지?"

크루지는 기계에 대해서라면 모르는 것이 없었습니다. 설계도만 보고도 그것이 무엇이 될지 척척 알아맞혔지요. 그런데 지금 에디슨이 건네 준 이 설계도는 아무리 들여다 봐도 무엇이 될지 짐작할 수가 없었습니다.

크루지가 에디슨에게 물었습니다.

"소장님, 이게 뭡니까?"

에디슨이 싱긋 웃으며 대답했습니다.

"일단 만들어 보게나. 그럼 그 기계가 말도 하고 노래도 부르고 웃음도 터뜨릴걸세."

기계가 말을 하고 노래를 부르고 웃음을 터뜨리다니! 크루지는 믿지 않았습니다. '소장님이 발명에 너무 신경 쓰다 보니, 정신이 어떻게 된 것 아닐까?' 하고 걱정이 되었을 뿐이었지요.

어쨌거나 크루지는 기계실로 돌아와서 설계도를 보면서 기계를 만들었습니다.

이윽고 기계가 완성되자, 이번에는 다른 기술자들이 크

루지에게 물었습니다.

"부장님, 이게 뭡니까? 참 이상하게 생겼네요."

크루지가 시큰둥하게 대꾸했습니다.

"몰라. 소장님 말로는 말도 하고 노래도 부르고 웃음도 터뜨리는 기계라는데."

그러자 기술자들이 웃음을 터뜨렸습니다.

"푸하하! 기계가 말을 한다고요? 소장님이 지금 제 정신이래요?"

그 때 에디슨이 실험실로 들어왔습니다. 기술자들은 애써 웃음을 감추며 에디슨에게 인사를 했습니다. 에디슨은 기술자들에게 고개를 까딱하고는 크루지가 만든 기계 앞에 앉았습니다. 그리고 기계의 진동판에 입을 대고 아이들이 좋아하는 동요 한 곡을 부르기 시작했지요.

"메리는 새끼 양을 갖고 있었네.

눈처럼 하얀 새끼 양을.

새끼 양은 메리 뒤를 쫄랑쫄랑

어디든 졸졸 쫓아다녔네."

점잖은 소장님이 이상한 기계를 앞에 놓고 아이들의 노래를 부르자, 기술자들이 웃음을 참느라 꾹꾹거렸습니다.

그 소리가 들리지 않는지, 에디슨은 아주 진지한 얼굴로 기계의 손잡이를 돌렸습니다. 그런데 세상에! 기계에서 자그맣게 에디슨의 목소리가 흘러 나오는 것이 아닙니까?

"메리는 새끼 양을 갖고 있었네.

눈처럼 하얀 새끼 양을……."

기술자들은 얼굴이 하얗게 질렸습니다.

"맙소사! 기계에서 사람의 목소리가 나오다니!"

기술자들은 겁을 먹고 주춤주춤 물러났습니다.

얼마 뒤 한 기술자가 조심조심 기계 앞으로 나왔습니다. 그러더니 기계에 눈을 대고 안을 살펴보았습니다. 기계를 들고 흔들어 보기도 했습니다.

"없어! 아무도 없어! 흉내쟁이 난쟁이 같은 건 들어 있지 않아!"

그 기술자가 소리쳤습니다.

다른 기술자들은 멍하게 에디슨을 바라보았습니다. 에디슨은 '거 봐, 내 말이 사실이지?' 하고 이야기하듯 어깨를 으쓱하며 씨익 웃었습니다.

소리를 기록해 두었다가 다시 들려주는 기계, 축음기는 이렇게 세상에 첫선을 보였습니다.

축음기의 발명 소식이 알려지자, 세계는 흥분으로 들끓었습니다.

"소리도 글처럼 기록할 수 있는 시대가 열렸다!"

"이제 돌아가신 부모님의 목소리도 들을 수 있어! 좋아하는 가수의 노래도 집안에서 들을 수 있어!"

사람들은 이제 과거의 소리를 언제든 되살릴 수 있는 마법과 같은 세상에서 살게 되었습니다. 그래서 사람들은 에디슨을 '멘로파크의 마법사'라고 부르기 시작했습니다. 멘로파크의 발명 연구소에서 모든 이의 꿈을 이루어 주는 마법사 말입니다.

에디슨과 가족들

에디슨은 1873년 같은 회사에서 일하던 메리 스틸웰과 결혼하여 메리언과 톰, 윌리엄, 이렇게 세 자녀를 두었습니다. 일에 쫓기다 보니 에디슨은 가족들과 함께 지낼 여유가 거의 없었습니다. 하지만 이해심이 많은 아내 메리는 에디슨이 걱정 없이 바깥일을 할 수 있도록 집안을 돌보고, 공장 식구들의 뒷바라지도 잘했습니다. 하지만 메리는 에디슨이 전등 개발에 성공하여 이름을 날리던 1884년에 병으로 세상을 뜨고 맙니다. 2년 뒤인 1886년, 에디슨은 미나 밀러라는 아가씨와 결혼하여 그 다음해에 웨스트오렌지로 이사를

갔습니다. 웨스트오렌지에서 마이너는 매들린, 찰스, 시어도어 세 자녀를 낳았습니다.

에디슨의 첫번째 아내 메리

밤을 낮으로

축음기가 발명된 뒤 기자들은 에디슨 발명 연구소를 문턱이 닳도록 드나들었습니다. 에디슨의 소식이 실려 있느냐, 그렇지 않느냐에 따라 신문 판매량이 엄청나게 달라졌거든요.

마침내 1878년 여름, 미국의 모든 신문에는 이런 기사가 실렸습니다.

멘로파크의 마법사, 가정용 전등 개발에 나서다.
2년 안에 밤을 낮으로 바꾸는 마법 선보일 계획.

지난 50년 동안 가정용 전등을 개발하겠다고 나선 발명가는 수없이 많았습니다. 하지만 아무도 만들어 내지 못했지요. 그런데 에디슨이 가정용 전등을 개발하겠다고 하자, 사람들은 기대에 부풀었습니다.

그 무렵 사람들은 밤이 되면 촛불이나 석유등, 가스등이나 아크등을 켰습니다. 대개 가정에서는 양초와 석유등을 썼는데, 연기가 많이 나고 냄새가 심해서 오래 켜 둘 수 없었습니다. 실수로 넘어뜨리기라도 하면 끔찍한 화재가 날 위험까지 있었고요. 큰 도시의 거리나 공공 건물에서는 가스등이나 아크등을 켰습니다. 하지만 이런 등은 지나치게 어둡거나 지나치게 밝았고, 설치하는 데도 비용이 많이 들었습니다.

에디슨은 전기를 이용하여, 연기와 냄새가 없고, 안전하며, 값이 싼 가정용 전등을 만들고 싶었습니다. 그래서 전등에 관한 연구 자료를 있는 대로 구해 읽고, 내용을 200여 권의 두꺼운 공책에 차곡차곡 정리한 뒤, 전등을 개발하기 위한 실험을 시작했습니다.

에디슨과 기술자들은 하루 24시간을 거의 실험실에서 지냈습니다. 배가 고프면 실험실 탁자 위에서 밥을 먹고, 잠이 오면 빈 탁자 위에 누워 새우잠을 잤습니다.

그러나 1년이 지나도록 전등은 만들어지지 않았습니다. 문제는 필라멘트였습니다. 필라멘트란 전류가 흐를 때 밝은 빛을 내며 타는 가느다란 선을 말합니다. 전류를 흘려보내면 오랫동안 재가 되지 않고 타올라야 했지요. 하지만 실처럼 가는 선이 타면 얼마나 오래 탈 수 있을까요?

에디슨은 무려 1600여 가지의 재료로 필라멘트를 만들

어 보았습니다. 멘로파크로 와서 일을 거들어 주던 매킨지 역장의 붉은 수염까지 필라멘트의 재료로 써 보았습니다. 하지만 모든 필라멘트가 빛을 내는가 싶으면 재가 되어 부서져 버렸습니다.

에디슨은 어둠 속을 더듬는 것처럼 답답했습니다. 밖에서는 사람들이 아우성을 쳤습니다. 전등이 개발되면 한몫 잡으려고 자금을 대던 사업가들은 돈을 거둬들이겠다고 으름장을 놓았고, 신문 기자들은 에디슨이 국민을 상대로 사기를 쳤다며 비난했습니다.

밤낮없이 계속되는 연구에 지칠 대로 지쳐 있던 에디슨은 돈 문제가 생기고 욕을 먹게 되자, 신경이 머리 끝까지 곤두섰습니다. 수면제를 먹지 않으면 잠을 이루지 못했고, 수면제를 먹어도 두어 시간 얕은 잠을 자다가 깜짝 놀라며 깨어났습니다.

"틀림없이 어딘가에 필라멘트로 쓸 만한 것이 있을 텐데……."

어느 날 밤, 에디슨이 기술자들도 지쳐 돌아가 버린 실험실에서 혼자 중얼거렸습니다. 에디슨 앞에는 백금으로 필라멘트를 만든 전등이 은은히 빛을 뿜고 있었습니다. 백금은 에디슨이 시험한 재료 가운데 가장 오래 타는 것이었습니다.

　때마침 전구에서 공기를 뽑아 내어 전구 안을 진공 상태로 만드는 펌프가 개발되었는데, 진공 상태에서도 백금 필라멘트는 가장 오래 빛을 냈습니다. 하지만 백금은 금보다도 값이 비쌌습니다. 백금으로 필라멘트를 만들면 전등의 가격이 높아져 평범한 사람들은 쓸 수 없을 터였습니다.

　"휴!"

　에디슨은 백금으로 필라멘트를 만든 전등을 바라보며 땅이 꺼질 듯 한숨을 쉬었습니다. 그러다가 기지개를 켜면서 실험실 안을 찬찬히 살펴보았습니다.

　그 때 실험실 한쪽 구석에 있는 탄소 가루가 에디슨의 눈에 들어왔습니다. 그것은 몇 해 전 전화의 송화기를 개발할 때 진동판의 재료로 쓰던 것이었습니다.

　"그러고 보니 저 탄소 가루로는 필라멘트를 만들어 본 적이 없네."

　에디슨은 이렇게 혼잣말을 하다가 스스로 깜짝 놀랐습니다.

탄소는 공기 중에서는 산소와 아주 쉽게 결합하기 때문에 빨리 타서 재가 되어 버립니다. 그래서 에디슨은 여태 탄소 알갱이로 필라멘트를 만들지 않았지요. 하지만 공기가 없는 상태에서는 어떨까요? 진공 상태에서 탄소는 산소와 만날 수 없습니다. 그러니 어쩌면 아주 오래, 백금보다 더 오래 빛을 낼지도 모를 일입니다.

에디슨은 당장 실험을 해보고 싶었습니다. 다행히 그날 연구소에는 기술자들 가운데 손재주가 가장 좋은 버츨러가 숙직하고 있었습니다.

"버츨러! 버츨러!"

에디슨은 숙직실로 달려가 버츨러를 흔들어 깨웠습니다. 그리고 그 탄소 가루로 곧장 필라멘트를 만들어 오라고 일렀습니다.

버츨러는 눈을 비비며 일어나 터덜터덜 기계실로 걸어갔습니다. 그리고 무명실에 탄소 가루를 발라 적당한 길이로 잘라 내고, 그것을 말굽 모양으로 구부려 다섯 시간 동안 적당한 불에 구웠습니다.

이윽고 동이 틀 무렵, 버츨러가 탄소 필라멘트를 완성하여 가지고 왔습니다.

"여기 있습니다, 소장님."

"고맙네, 버츨러."

에디슨은 버츨러한테서 탄소 필라멘트를 받아 들었습니다. 그런데 맙소사! 다섯 시간이나 공들여 구운 필라멘트가 에디슨의 손이 닿자마자 부서져 내렸습니다. 버츨러는 또 다시 다섯 시간 동안 필라멘트를 구웠습니다. 그런데 이번에는 필라멘트를 전구 안에 끼우다가 깨뜨려 버렸습니다.

에디슨은 이틀 뒤에야 전구 안에 탄소 필라멘트를 무사히 끼워 넣었습니다. 그리고 진공 펌프를 가지고 조심조심 전구 안의 공기를 뽑아 냈지요.

"이제 전류만 통하게 해야지."

에디슨이 조용히 중얼거리며 스위치를 켰습니다.

순간, 탄소 필라멘트가 환한 빛을 뿜었습니다.

'얼마나 오래 버틸까?'

에디슨은 초조하게 기다렸습니다. 그런데 놀라운 일이 일어났습니다. 공기 중에서는 1초도 안 되어 재가 되어 버리는 탄소 필라멘트가 1분이 지나고, 2분이 지나도 빛을 뿜었습니다. 한 시간, 두 시간, 세 시간이 지나도 꺼지지

 않았습니다. 꼬박 열세 시간이나 빛을 낸 뒤에야 재가 되어 부서졌습니다.
 　열세 시간 동안 얼어붙은 듯이 앉아 전등만 지켜 보던 에디슨의 얼굴에 미소가 번졌습니다.
 　'열세 시간 동안 꺼지지 않는 전등을 만들었으니, 앞으로 100시간, 200시간 동안 빛을 내는 전등도 만들 수 있을

거야! 진공 상태를 개선하고 탄소 필라멘트의 질만 높이면 돼.'

에디슨은 모처럼 집으로 돌아가 다음날 같은 시간이 될 때까지 깨지 않고 잠을 잤습니다. 전등 개발에 손을 댄 이후 처음으로 맛본 꿀맛 같은 잠이었습니다.

진공 상태에서는 왜 물체가 타오르지 않을까?

작달막한 양초 두 개와 컵을 하나 준비하세요. 두 양초에 불을 붙이고 하나를 컵으로 덮으세요. 어떤 일이 일어나나요? 컵을 덮지 않은 양초는 계속 타오르지만 컵을 덮은 양초는 이내 꺼지고 말 것입니다. 컵을 덮은 양초에는 산소가 공급되지 않기 때문입니다. 산소는 우리가 숨을 쉬는 데 없어서는 안 될 중요한 기체입니다. 또한 산소는 물체가 잘 타도록 도와주는 성질도 있지요. 컵을 덮은 촛불이 이내 꺼져 버리는 것은 컵 안에 산소가 바닥났기 때문입니다. 진공 상태란 기체가 없는 상태를 말합니다. 기체가 없는 상태에서는 물체가 타도록 도와주는 산소 또한 없습니다. 그래서 진공 상태에서는 물체가 타오르지 않는답니다.

월스트리트의 밤을 낮으로 바꾸다

그로부터 2개월 뒤인 1879년 12월, 에디슨은 멘로파크의 발명 연구소로 가까운 사람들을 초대했습니다. 이윽고 창 밖에 어둠이 드리우자, 에디슨은 사람들을 마당으로 데리고 나갔습니다.

"여러분, 모두 뒤쪽의 나무를 보십시오!"

에디슨이 사람들에게 말했습니다.

"어머, 저게 뭐야?"

돌아서서 나무를 본 사람들은 깜짝 놀랐습니다. 장식품을 달고 있는 크리스마스 트리처럼 나무마다 투명한 유리 공이 주렁주렁 매달려 있었기 때문입니다.

에디슨이 소리쳤습니다.

"여러분, 멘로파크의 마법사가 드리는 새해 선물입니다!"

순간, 나무에 달려 있던 유리 공이 일제히 빛을 뿜었습니다. 그 빛은 촛불처럼 흔들리지 않았습니다. 석유등처럼 냄새와 연기가 나지도 않았습니다. 가스등 불빛처럼 흐릿하지도, 아크등 불빛처럼 지나치게 눈부시지도 않았습니

다. 햇살처럼 밝으면서도 은은하고 따사로웠습니다.

"아아, 꼭 동화의 나라에 온 것 같아!"

사람들이 탄성을 질렀습니다. 그리고 이 놀라운 마법을 펼친 마법사를 바라보았지요.

에디슨이 힘주어 말했습니다.

"칭찬은 나중에 하셔도 늦지 않습니다. 이것은 시작일 뿐이니까요. 앞으로 우리는 미국에서, 아니 전 세계에서 어둠을 몰아낼 것입니다. 600시간 이상 밝게 빛나는 전등을 만들고 발전, 송전, 배선 시스템을 개발하여 전 세계의 모든 가정에서 전등을 편리하게 쓸 수 있게 하겠습니다!"

그 뒤 3년 동안 에디슨은 자신의 약속을 하나하나 지켜 나갔습니다. 백열 전등의 수명을 700시간으로 늘리고, 소켓과 퓨즈와 스위치를 비롯한 부품을 만들었습니다. 또 전기를 대규모로 일으키는 발전기를 만들고, 이 전기를 각 가정에서 편리하게 쓸 수 있도록 송전 및 배선 시스템을 개발했습니다.

마침내 1882년 9월 4일, 에디슨은 오후 3시에 뉴욕 월스트리트에서 전구와 발전 및 배선, 송전 시스템을 시험 가동하겠다고 발표했습니다. 오후 3시가 되어 에디슨 전등

　회사의 지하에 있는 커다란 발전기가 돌아가면, 전류가 송전 및 배선 장치를 통해 월스트리트의 각 사무실로 흘러가 사무실에 설치된 전등에 불을 밝히는 것입니다.
　오후 3시가 가까워지자, 월스트리트 사람들은 술렁거리기 시작했습니다. 과연 이 엄청난 실험이 성공할까요? 이 실험이 성공하면, 사람들은 전등은 물론이고 그 어떤 전기 제품도 집안에서 편리하게 사용할 수 있습니다. 바야흐로 전기의 시대가 열리는 것입니다.

째깍, 째깍, 째깍…… 초침은 무심히 돌아가고 사람들은 마른침을 삼켰습니다. 그리고 초침이 오후 3시를 지나는 순간, 월스트리트에서는 환호성이 터져 나왔습니다.

"성공이다! 전구에 불이 들어왔어!"

사람들의 외침 속에서 전구가 은은히 빛을 뿜었고, 마침내 전기의 시대가 도도한 막을 올리고 있었습니다.

머리가 썩었다고 학교에서 쫓겨난 엉뚱한 아이, 열차 안에서 실험을 하다가 화재를 일으킨 말썽꾸러기 신문팔이, 일보다 실험을 더 열심히 한다고 구박받던 게으름뱅이 전신 기사가 전기의 시대를 활짝 열어 젖힌 위대한 사람이 된 것입니다.

끈기를 갖고 노력하는 사람은 누구나 천재가 될 수 있다

에디슨은 그 뒤로 알칼리 전지, 키네토스코프(활동 사진 영사기라고도 하는데, 지금의 영화 필름 영사기의 아버지 뻘이 되는 발명품이다), 전기 자동차 등 사람들의 삶을 편리하고 윤택하게 해주는 수많은 발명을 해냈습니다.

그래서 사람들은 에디슨을 만나면 손을 덥석 잡으며 "당신은 천재요, 천재!" 하고 칭찬했습니다. 하지만 에디슨은 그 때마다 고개를 가로저었습니다. 그리고

"제가 천재라면 끈기를 갖고 노력하는 사람은 누구나 천재가 될 수 있습니다."

라고 겸손하게 대꾸했지요.

사실, 에디슨은 평생 1,093개의 특허권을 따 냈지만 그 가운데 거저 만들어진 것은 하나도 없습니다. 언제 끝날지

모르는 연구와 수천, 수만 번에 이르는 실험이 바탕이 되어 태어난 것입니다. 그 노력의 흔적은 에디슨이 남긴 수천 권의 실험 공책에 고스란히 남아 있습니다.

에디슨은 늙어 병이 들 때까지 실험을 멈추지 않았습니다. 84세가 되던 1931년 8월 1일, 실험실에서 연구를 하다가 쓰러졌을 때에도, 병세가 나아질 적마다 "실험실에 가고 싶다."고 했지요.

그러나 에디슨은 끝내 실험실로 돌아가지 못하고, 두 달 뒤인 10월 18일에 눈을 감고 말았습니다. 장례식은 사흘 뒤인 10월 21일에 치러졌습니다. 이 날 미국 사람들은 전기의 시대를 열어 젖힌 이 위대한 발명가의 업적을 기리기 위해 밤 10시에 모두 전등을 껐다고 합니다.

열린 주제

링컨과 남북전쟁 (1861~1865)

에이브러햄 링컨

미국 역사에서 연방 정부와 연방에서 분리해 나가겠다고 주장했던 남부의 11개 주 사이에 일어난 4년간의 전쟁을 남북전쟁이라고 합니다.

전쟁 전 남부와 북부는 경제 및 산업상의 차이 때문에 대립하고 있었습니다. 남부는 커다란 농장을 중심으로 한 농업경제라 노예제가 필요한 데 반해, 북부는 자유민의 노동에 의한 제조업이 주된 산업이라 노예제를 폐지하는 것이 유리했습니다.

1860년 말 노예제에 반대하는 링컨(1809~1865)이 대통령에 당선되자, 남부는 독립을 선언했습니다. 그리고 이듬해 남북 간 갈등은 전쟁으로 이어지게 되었습니다. 전쟁 초기에는 남부가 유리했지만, 링컨이 노예해방을 선언한 뒤 전세는 역전되었습니다.

마침내 북부가 승리했고, 연방은 유지되었습니다. 이후 급속히 공업화 및 도시화되고 있던 북부가 정치 경제적 중심으로 새롭게 부상하게 되었습니다.

라이트 형제와 비행기

미국의 오빌과 윌버 라이트 형제는 기계완구와 자전거점을 경영하다가 독일에서 글라이더 시험 중 비행사가 추락사한 것을 알고 비행기 연구를 시작했습니다.

빛과 소리의 마법사
에디슨

이들은 1900년 글라이더를 시험 비행시킴으로서 비행기에 대한 과학적인 연구를 시작했고, 200회 이상 모형 시험을 했습니다.

1903년 역사상 처음으로 가솔린 기관을 장착한 동력 비행기를 조종하는 데 성공해 여러 나라에 경제적인 지원을 요청했습니다.

1908년 미국 정부가 처음으로 비행기 1대를 구입했고, 라이트 형제는 아메리칸 라이트 비행기 제작회사를 설립해 비행기 제작에 선구적 역할을 했습니다.

이들은 항공 기술의 대변혁을 일으켰고 그 실용화에 크게 기여했습니다.

에디슨 축음기와 원통형 녹음통

에디슨의 발명품들

발명왕 에디슨은 60년이 넘는 기간 동안 연구를 통해 크고 작은 혁신을 거쳐 전신투표기록기(1869), 이중전신기, 사중전신기, 백열전등, 전화기, 탄소버튼 송화기, 축음기, 전등, 진공장치, 롱다리 메리앤 등 1,100여 개가 넘는 발명특허를 따냈습니다. 발전 산업, 축음기와 녹음 분야, 전화 부문, 활동사진에 이르기까지 현대인의 생활에 끼친 에디슨의 영향은 이루 헤아릴 수 없을 정도입니다.

에디슨이 영웅으로 추앙받는 이유는 이런 혁신적인 발명품들의 공헌뿐만 아니라, 굽히지 않는 인내와 집념으로 스스로 성공을 일궈 냈다는 것이 높게 평가받고 있기 때문일 것입니다.

에디슨 전구

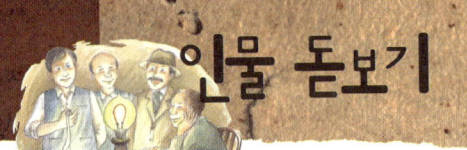

인물 돋보기

에디슨과 영화 산업

에디슨 실험실에서 초창기에 개발된 영화장치인 키네토그래프는 찍은 활동사진을 보기 위해 회전원통을 사용했습니다. 일련의 사진들이 원통 주위에 나선형으로 배열되는 형태였습니다.

그런데 이것은 너무 무거워 이동이 불편한 단점이 있었습니다.

지금 우리가 사용하는 형태의 카메라는 에디슨 이후 사람들이 발전시킨 것입니다.

에디슨의 키네토그래프는 다소 조잡하고 오늘날의 영화 카메라와는 다른 방식이었지만, 영화 제작의 발전에 중요한 토대가 되었습니다.

에디슨과 자동차왕 포드

에디슨은 여러 번 재충전해 쓸 수 있는 축전지 개발에 몰두해, 1909년 드디어 니켈 등의 화학반응을 이용하는 알칼리 전지를 완성했습니다.

에디슨은 이것이 자동차의 동력용으로 쓰이기를 바랐지만, 마침 그때 헨리 포드

1920년대 미국에서 크게 유행했던 T형 포드 자동차

128
에디슨

(1863~1947)가 가솔린 연료를 쓰는 자동차를 만들어 에디슨의 기대는 허물어져 버렸습니다.

자동차왕 헨리 포드는 1899년 에디슨 회사에 근무한 적이 있는 사람입니다. 포드는 에디슨에게 자동차 점화 시스템에 에디슨이 만든 전지를 사용하고 싶다고 했지만, 그 전지는 엔진의 모터를 움직이는 데 적합한 힘을 제공하지 못했습니다. 그래도 에디슨과 포드는 발명가와 자동차 제작자로서 좋은 친구가 되었습니다.

에디슨효과

1883년 에디슨은 가열된 필라멘트에서 전자가 나오는 현상을 발견했습니다. 이것을 에디슨효과라고 하는데, 그런데 정작 에디슨은 이것을 어떻게 사용해야 할지 알지 못했고, 체계적으로 이를 연구한 것은 영국의 물리학자 리처드슨이었습니다.

에디슨효과는 라디오, 텔레비전 그리고 전파탐지기에서 사용되는 많은 전기 기구들의 기초가 되었습니다.

인물 돋보기

연대표

에디슨의 생애	세계의 동향
	1840 아편전쟁 발발
	1842 난징조약
1847 2월 11일, 미국 오하이오 주의 밀란에서 태어나다.	*1848* 마르크스, 공산당 선언 발표, 독일, 3월혁명
	1851 프랑스 대통령 루이 나폴레옹, 쿠데타
	1853 크림전쟁 발발
1854 포트휴런으로 이사.	
1856 입학한 지 3개월 만에 학교를 그만두고 어머니 밑에서 공부하다.	*1856* 애로호사건(~1860)
	1857 인도, 세포이의 항쟁(~1860)
	1858 무굴제국 멸망 청, 톈진조약·이훈 조약 체결
1859 그랜드트렁크 철도에서 신문과 군것질거리를 팔며 공부하다.	*1859* 다윈, 《종의 기원》 출간
	1860 베이징조약
1862 열차의 화물칸에 실험실을 차리다. 열차 화재를 일으키다. 마운트클레멘스 역장의 아들을 구하고 전신 기술을 배우다.	*1861* 미국, 남북전쟁(~1865) 발발 이탈리아왕국 성립
1863 마운트클레멘스 역에서 전신 기사 일을 시작하다.	*1863* 링컨, 노예 해방 선언
	1866 프로이센-오스트리아전쟁 발발
1868 투표 기록기를 발명하여 처음으로 특허권을 얻다.	*1868* 일본, 메이지유신

빛과 소리의 마법사
에디슨

에디슨의 생애	세계의 동향
1869 뉴욕의 로스 박사 회사에서 일하다. 독립하여 포프와 함께 전기 회사를 세우다.	**1869** 수에즈운하 개통
1870 에디슨 만능 증권 시세 표시기를 발명하다.	**1870** 프랑스-프로이센전쟁
1871 어머니 낸시가 세상을 뜨다.	**1871** 독일제국 재건
1873 메리 스틸웰과 결혼.	
1874 4중 전신기를 발명하다.	
	1875 프랑스 제3공화정 성립
1876 멘로파크에 발명 연구소를 짓고 이사하다. 탄소 송화기를 이용한 전화기를 발명하다.	
1877 축음기를 발명하다.	**1877** 러시아-투르크전쟁(~1878)
	1878 베를린회의
1879 10월 21일, 백열 전등을 발명하다.	
1880 발전기와 전등의 부속품을 발명하다.	
1882 뉴욕의 여러 사무실에 전등을 설치하고 전등 실험을 하다.	**1882** 삼국동맹(독일·오스트리아·이탈리아) 성립
1884 부인 메리가 세상을 뜨다. 에디슨 효과를 발견하다.	**1884** 청-프랑스전쟁 발발

131
연대표

| 에디슨의 생애 | 세계의 동향 |

1885 전선 없이 신호를 보내는 무선 전신을 발명하다.
1886 마이너 밀러와 재혼하다.
1887 연구소를 뉴저지 주의 웨스트오렌지로 옮기다. 영사기 발명에 착수하다.

1890 원반식 레코드를 연구하다.
1891 영화 필름 영사기의 바탕이 된 활동사진 영사기, 이른바 키네토스코프를 발명하다.

1894 청일전쟁(~1895)
1896 헤르츨, 시온주의 운동 제창
　　　 제1회 올림픽 대회
1898 알칼리 전지 발명에 손을 대다.
1898 중국, 무술정변, 파쇼다 사건
1899 보어전쟁
1900 중국, 의화단운동(~1901)
1904 러일전쟁(~1905) 발발
1905 러시아, 피의 일요일
1907 삼국협상(영국·프랑스·러시아)
1909 10년의 노력 끝에 알칼리 전지를 발명하다.
1910 대한제국, 일본에 합병
1911 신해혁명
1914 전화의 음성을 녹음하는 축음기와 원반식 축음기를 발명하다.
　　　 7월 제1차 세계대전이 일어나다.
1914 제1차 세계대전(~1918) 발발
　　　 파나마운하 개통

빛과 소리의 마법사
에디슨

에디슨의 생애	세계의 동향
1915 미국 해군의 고문으로 일하다.	*1915* 중국, 문학혁명
	1917 러시아, 10월혁명
	1918 미국 윌슨, 평화원칙 14개조 발표
	1919 베르사유조약
	1920 국제연맹 창립
	1921 중국공산당 성립
	1922 소련 성립, 터키혁명
	1925 5·30사건 발발, 로카르노조약
	1927 중국, 난징에 국민정부 수립
	1928 소련, 토지사유금지령 제정, 파리조약 조인
1929 에디슨 장학 재단을 세우다.	*1929* 뉴욕의 주가 대폭락, 세계 대공황 시작
	1930 인도의 간디, 소금 행진
1931 10월 18일 웨스트오렌지의 자택에서 사망하다.	*1931* 마오쩌둥, 중화 소비에트 임시정부 수립
	만주사변 발발
	1932 만주국 성립
	1933 히틀러, 독일 총리 취임
	뉴딜정책 실시

133
연대표